真剣にふざける

痛快に起業する「革命思考」

GMホールディングス株式会社代表取締役
ガードナー株式会社代表取締役
福山克義
FUKUYAMA KATSUYOSHI

幻冬舎MC

真剣にふざける

痛快に起業する「革命思考」

はじめに

今までのビジネス常識なんてクソくらえだ、と真剣に思っている。こんなことを書いたら世の中のたくさんの方々から容赦なく批評されると覚悟のうえで本当のことを書くことにした。

起業——これは魅力的な言葉ではあるが、圧倒的な確率で失敗に終わる。状況は最初から不利だ。

スタートアップの80%が立ち上げから1年半で潰れる。これが事実である。どう良いように書いても事実は事実。この確率から見れば、あなたがもし起業を考えているなら、失敗に終わる可能性が高い。そして痛い目にあうのは会社だけではない。自分の将来も夢も自信も預金通帳も会社と一緒に沈没してしまう。仮に最初の1年半を乗り切ったとしても長期的な軌道に乗ることのできる会社は20社中1社、たった5%なのだ。

だから、やるのであれば目を覚まそう。最初から本気で集中し、本気の本気で甘えを捨てて徹底的に戦わなければならない。そうすればもしかしたら成功するかもしれない。

ジャングルの中に入ってサバイブしていく勇気こそが重要で、そこにはノウハウは必要ない。なぜならば大多数の人はノウハウをもたないからだ。実はスタートアップではどんな起業戦略も役に立たない。戦略を勉強すればするほど起業する勇気は消滅していくのが現実なのだ。

いくら上手に経営計画書を書いたとしても、間違いなくそのとおりにはならない。小さな会社であっても日々、決断を迫られるのは間違いない。その中で生存権を獲得して自分の存在意義を少しでもいいから見いださなければならない。多くの役割をこなしながら、打たれ強くなんでも学び、周りから否定されても、全力で生き抜く覚悟が必要だ。

起業は確かに厳しいものではあるが、実は楽しさもあり、面白さもあり、充実感もあり、人生にとってこれ以上の楽しさを私は知らない。

この本で私は、起業を考えているあなたにとって、土台作りをし、基礎を築くために立ち上げから間もない小さな会社がどう心がけなければならないかを、真剣に書こうと思う。そしてあなたの会社がドカン！と必ず「爆発」できるよう背中を押すことにした。あなたは世の中の厳しさに立ち向かい、流れに逆らい、あなた自身が根性を試すときである。

私は現在、ガードナーという会社で代表を務めている。

ガードナーという社名は知らなくても、インスタやTikTokなどのSNSやAmazonなどのECサイトで、骨盤サポーター「ガードナーベルト」を見たことがある人はいるかもしれない。

ベルトを締めた瞬間に腰回りがギュッと締め付けられ、背筋が伸びて姿勢が良くなり、「すごい!」「これヤバイ!」「背が伸びた」など、体験者が思わず驚きの声を上げてしまうSNSの動画再生数は5億回を超えている。

発売からこれまでに50万本以上売れているガードナーベルト――このヒット商品を開発・製造・販売している会社がガードナーである。

私の会社は大手のような知名度もなければ、医師の後ろ盾もないなか、ガードナーベルトの商品化に踏み切った。常識で考えたらむちゃな挑戦に見えたかもしれないが、絶対に売れるという自信に満ちあふれ、実際に想像した以上の売れ行きをキープしている。

ほかにもさまざまな遊び心あふれるアイデア商品を生み出し、年間売上高は27億円を超え、毎年成長している。

そんな私が、成功への一歩を踏み出せずにいる人に伝えたいのが、私自身が起業家としてポリシーにしている「真剣にふざける」なのである。

ビジネスの世界では「ふざける」のはよしとされず、「ふざけていないで真面目にやれ」と言われるのが一般的である。しかし私は、真面目であればあるほど具体的な一歩を踏み出すのがためらわれ、結果的に成功しにくいと考えている。というのも、真面目な人は失敗やリスクを考えて行動を決める傾向が強く、リスクを恐れて行動しないことも多々あるからである。行動しなければ何も生まれないので、行動したほうがよいに決まっている。その行動を促すのが「ふざける」ことであり、単にふざけるのではなく、「真剣にふざける」ことによって周囲を巻き込み、最終的にビジネスの成功につながると信じているのだ。

そんな私のポリシーを社員に実践してもらうために、つまり真剣にふざけてもらうために私は、普通の会社では考えられないことをいくつも行っている。

例えば、普通の会社では有給休暇の日数を設定しているが、私の会社では「遊休休暇」

と銘打ち、日数は無制限。しかも休暇中の交通費や宿泊費はすべて会社が負担する。海外だろうがどこへ行っても構わないし、報告する必要もない。というのも自分の足で動き、自分の目で見た経験に勝る財産はなく、必ず良いアイデアにつながることを自らの経験から知っているからである。また、昨今は特に、ブラック企業に対する風当たりは厳しいものがあるが、私はむしろブラック企業でありたいと思っている。休日出勤、長時間労働を是正する気は毛頭ない。寝る間も惜しんで夢中になれる仕事、楽しくて仕方がなく時間が経つのも忘れる仕事をしていれば、結果は自ずとついてくる。楽しそうに仕事をしていれば周りには自然と人が集まり、良いものが生まれるのだ。

本書では、「真剣にふざける」とは具体的にどういうことか、真剣にふざけるためにはどんな考え方をもつべきなのかを前提に、ビジネスで成功するための起業革命思考について詳しく紹介している。

起業に関心があるものの一歩を踏み出せない人にとって、この本が常識を振り払うきっかけとなり、背中を後押しすることになれば著者としてこれに勝ることはない。

本書を手に取り、「真剣にふざける」マインドを体感してほしい。そして遊び心と情熱を武器に、あなたの夢の実現に向けた一歩を踏み出していただくことを願う。

真剣にふざける　痛快に起業する「革命思考」／目次

PART 1

痛快に起業するために必要な「真剣にふざける」とは

PART 2

新たな価値を創造するための革命思考

あえて常識を振り払い、誰もやらないことを本気でやり通す――。

PART 3

「真剣にふざける」思考法にはあらゆる可能性が眠っている！

あえて常識の外に身をおくことで、未来は無限に広がっていく

PART

1

痛快に起業するために必要な「真剣にふざける」とは

痛快起業革命。

自分が本当に情熱を注げる仕事をしよう。明確な使命を持とう。というと、難しく感じるかもしれないが、実は使命とはとてもシンプルなものだ。

それは、自分が感動しているか。興奮して鳥肌が立つくらいのミッションこそが会社の存在意義である。自分に制限をかけず、人と違ってもいい。恥をかいて人に笑われてもいい。自分に素直に、ありのまま生きてもいい。大好きな人に大好きと伝えてもいい。弱い自分を見せてもいい。人に助けを求めてもいい。もっと豊かになってもいい。楽しいことを優先してもいい。生きたいように生きてもいい。

本当に自分が感動できるまで没頭しないと、自分の心も、他人の心も動かない。だから、自分自身を感動させることが大事だ。それがすべての原点になる。

スティーブ・ジョブズがアップルを始めたのは、コンピュータビジネスのためではなく、テクノロジーを使って世界を変えるためだった。

使命を持つことで、自分自身や周りの人々、顧客を共通の目標に向かわせることができる。大切なのは、使命が唯一無二であり、魅力的であるということだ。顧客を同じ価値観に向かわせることがすべてであり、それこそが最大の課題である。

現代は物質的に満たされているが、新しいビジネス、新しい商品、新しいサービスの市場はほとんど存在しない。しかし、本当に価値があるものには無限の市場が広がっている。自分たちが価値があると信じるものを世の中に出していかねばならない。

もし、誰も目を向けなかったらどうするか。そのときは、目を向けさせる方法を考えればいい。それができなければ会社は終わりだ。

商品やサービスだけを求める顧客はもうこの世の中にはいない。これからの顧客は、自分の価値観に合い、それを支えてくれる使命を持った会社を求める。これらの顧客が望むのは、自身が自発的に会社の仲間になり、会社の成功につながる一員になることだ。力強い使命を掲げることで、人々の関心を引き、ファンに変えることができる。そのためには、まずいちばん身近な会社スタッフが同じ価値観を持つことから始まるのはいうまでもない。スタッフの心を揺さぶれなければ、遠くの顧客の心を揺さぶることはできない。

さあ、魅力的で唯一無二である使命を持って、革命を起こす準備を始めよう。

信じるのは自分自身のみ。

資金がほとんどない状態から、小さな事業を野心的に始めるのは勇気がいることではあるが、非常に濃密な体験となる。未熟で無邪気だったことは、別の言い方をすれば素直であったとも言える。私にとって、これが最高の強みとなった。事業の進め方を知らなかったから、ただ前に歩き続け、自己流でやるしかなかった。そうしているうちに、私は新しいビジネスのやり方を無意識に生み出していた。

とにかく、自分を信じることだ。経営戦略と称して普通の人は勉強してしまう。それは否定しない。だが、それだけでは痛快な起業はできないのが現実である。

私は一人称でモノを考えることが重要だと常に言っている。何よりも頼れるのは自分自身だ。事業にかける真っ直ぐな信念と熱意こそが重要なのだ。だから、人のアドバイスを無視するくらいがいい。もっと言うと、人の話など聞く必要はない。のめりこむように自己流で真剣にやるべきだ。そうしないと他人は見向きもしない。だったら、自分の好きなように、自分のやり方でやるしかない。

自分が欲しい商品を作り、自分がいつもいたくなる場所を作り、自分が受けたいサービスを顧客に提供するのだ。とにかく、自分の考えを強く信じることだ。他人の言うことに決して頼ってはいけない。自分が実現したいことは自分がいちばん知っている。心に描き続けてきた世界は自分しか知らない。

業界の常識に気を取られないことも重要だ。業界の現実や普通なんて、言い訳に使うための単語に過ぎない。革命を起こそうとする戦士には無用な言葉だ。そんなものは無視すればいい。「ＦＵＣＫ」と言って頭の中から消してしまおう。

確かなチームを作ろう。

信じるのは自分自身のみであると言ったが、大海原にこぎ出すには仲間が必要だ。一匹狼では勢いが出ない。より鋭く、より速く、そして楽しみながら事業を進めることこそが痛快なのである。時には痛みを分かち合うこともある。ビジネスという旅を一緒に楽しむことができれば、それ以上の喜びはない。

ビジネスの世界は非情だ。一人だとそれだけで不利になる。二人か三人であれば、会社として成り立ち、負担を分散でき、成長速度も速くなる。ただし、単なる群れを作るのではなく、同じ価値観を持ち、つらい仕事にも同じ使命と情熱を共有できる仲間でなければならない。誰と組むかは非常に重要で、あとで仲間が怠け者だと分かると、ものすごいダメージになってしまうのだ。

新しい会社を作るのではなく新しいカテゴリーを作る。

起業というと会社を立ち上げることを意味するが、ただ会社を作ってビジネスを始めるだけでは意味がない。それは最初から野垂れ死にに行くようなものだ。他人が作った池に入って泳いでも勝てるわけがない。ほかの魚に食われてしまいおしまいだ。

まったく新しい市場を作ることを考えよう。以前は、中小零細企業が新しい市場を作るなんてとんでもないという常識があったが、そんなことを言うコンサルタントには「バカヤロウ」と言ってやりたい。新しい会社を作るのではなく、新しい市場を作るのだ。新しいカテゴリーを作るのだ。

我々弱者はカミソリのように薄く、狭い領域に集中し、最高の商品を仕上げる必要がある。その商品を作れば、自分の池を作って、その池の定義を確立するという仕事が待っている。まずは狭い池に集中することで、新しいカテゴリーが生まれる。そのカテゴリーは新しい顧客との結びつきにつながる可能性を秘めている。ニッチ市場だが、その市場のトップに立つチャンスが待っているのだ。

私が尊敬するエステー株式会社の鈴木喬会長は、「Global Niche No.1」という言葉で乱世を生き抜いてきた漢《おとこ》である。ニッチこそが新たな本流になる。成功するには、従来の流れから少し外れた厳しい環境の中でこそ、自分だけが魅力あるものを見つけなければならない。そのためには、あなたが熱狂してきたもの、あなただけが磨き上げた商品が必要なのである。その新しいカテゴリーを自分で作り、その繁栄を突き詰めれば、会社は成功する。そして、現代は情報が即座に世界中に届く時代だ。とてもエキサイティングなことが起きやすいのは言うまでもない。

「真剣にふざける」とはどういうことか。

多くの日本人は、「いい大学を出て、いい会社に就職して、安定した暮らしをする」ことが「真面目」で「正しい」生き方だと、幼い頃から教えられてきた。

しかし、それは絶対に間違っている。

私にとって「真面目」とは、自分の気持ちに正直になり、その実現に向けて情熱を持って行動することである。そして、その過程を楽しむために必要なのが「遊び心」であり、企業理念にしている「真剣にふざける」という姿勢なのだ。

ここでいう「ふざける」とは、常識にとらわれず、自由な発想で、ワクワクしながら挑戦することを意味する。まるで子どものように、純粋な好奇心と探求心を持って目の前の仕事に熱中することである。「そんなアホなことにどれだけこだわっているの？」とあきれられるほど、のめり込むのだ。

工場という前提がないから行動が速い。

工場がないことは行動の速さにもつながる。よいアイデアが出たとき、工場に確認することがないからだ。例えば私は、飛行機の中で手に取った機内誌で目にした台湾式シャンプーに興味を持った。部下にすぐに電話し「今すぐ台湾に行って体験しろ！」と指示を出し、その翌日また電話して「もう台湾に着いた？」と聞いていた。

それまで私はシャンプーについての知識をまったく持ち合わせていなかった。いざ作るとなれば、製造設備を持つ企業と組む必要があるわけだが、それはあとから考えればよい。大切なのは行動のスピードだ。この行動の速さは、工場ではなかなか実現できない。工場の制約上、NGが出ると行動したことが無駄になってしまうからだ。

ビジネスチャンスはどこに転がっているか分からない。「真剣にふざける」とは、たまたま目にしたものでも興味を持った瞬間に即、行動することでもあるのだ。

「真剣にふざける」ことで未来を変える。

思い立ってから行動するまでが早ければ早いほど、高い熱量で動けて、何らかの発見ができると信じている。はたから見れば、おっちょこちょいでふざけている人にも見えるかもしれない。

しかし「真剣にふざける」ことで、私の人生は大きく変わった。かつては私も、周囲の目を気にして、自分の意見に制限を掛けていたこともある。しかし「真剣にふざける」ことを意識するようになってからは、失敗を恐れず、新しいことに挑戦できるようになった。

今までの時代は、仕事と遊びは別ものというのが常識だった。仕事は仕事、遊びは遊び、いわゆるオンとオフがしっかりと区別されていた。

しかしこれからの時代は、遊ぶことが仕事の材料になる。真剣に遊んでいれば、必然的にそれが仕事につながるのだ。真剣に働いて、真剣に遊ぶ人が尊敬されるようになる。真剣に遊ぶとは、ある意味お金を使うことでもある。たくさんお金を稼いで、たくさんお金を出す。排気量が大きいアメリカンマッスルカーのような生き方なのだ。

ただ遊んでいてもダメで、ただのプータローに見えてはいけない。「あの人、遊んでいるけれど、仕事もすごいね」と言われることが重要である。これは立派な尊敬なのだ。真剣に働いても、遊べるようにはならないが、真剣に遊んでいる人はその遊びが必ず仕事に活かされる時代になったのだ。

ぜひ「真剣にふざけて」みてほしい。周りの目や常識にとらわれず、自分の「好き」を貫き、情熱を燃やせるものを見つけるのだ。そうすることで、きっとあなたの人生は、楽しくエキサイティングなものになるはずである。

野心を抱く若者たちへ。

情報があふれかえり、商品やサービスの差別化が難しい現代。そんな中で、起業や独立、新ビジネス創出を志す人に強くおすすめしたいのが、ニッチ市場を狙うことだ。

ニッチ市場とは、特定のニーズを持つ限られた顧客層を対象とした市場のこと。一見、市場規模が小さく収益化が難しいと思うかもしれない。しかしニッチ市場は、他の追随を許さない独自性を持ち合わせており、大きなビジネスチャンスを秘めているのである。

では、なぜニッチ市場が魅力的なのか？　それは、あなた自身のテーマに基づいた「これが好き」という強い思いが、大きな武器になるからである。

私の場合はバイクが好きで、その中でもハーレーダビッドソンなど大型バイクを改造することが大好き。その趣味が高じて、カスタムバイクを製造・販売する会社を立ち上げた。非常にニッチなテーマに情熱を注いだ結果、ビジネスになったのである。

このように、自分が本当に好きなこと、熱中できることを見つけることが非常に大切である。どんなにニッチな分野でも、好きな人がいる市場であれば必ずビジネスになる。

ニッチ市場は大企業が参入しづらいという点も魅力。大企業は、大量生産・大量販売を得意としているが、ニッチ市場はそもそも顧客数が限られている。一方、中小企業は小回りの良さと柔軟性を活かして、ニッチ市場で独自のポジションを築ける。高付加価値な製品やサービスを提供することで、少数精鋭のビジネスモデルを確立することが可能となる。

ニッチ市場だからといって、いつまでも小規模なビジネスにとどまる必要はない。グローバルニッチという言葉があるように、世界中に顧客を獲得できる可能性を秘めているのだ。

例えば私の会社が開発したガードナーベルトは、ニッチな商品でありながら、世界中の腰痛に悩む人々に支持されている。当初は、腰痛ベルトという市場は小さいと考えていたが、世界に目を向けると、その規模は想像以上に大きいことに気づかされた。

だから何かビジネスを考えるときは、まずは最初からグローバル市場を見据えることをおすすめする。「そのアイデアは世界にスケールできるか?」と考えてみよう。もちろん実践に当たっては、国内で手応えを見て、それから海外進出という順番が妥当。それでも最初からグローバルな視点を持ち、将来を見据えた準備を進めておくことが重要だ。インターネットを活用すれば、世界中の顧客にアプローチすることが可能な時代なのである。

PART

2

あえて常識を振り払い、誰もやらないことを本気でやり通す――。

新たな価値を創造するための革命思考

脳は〝気持ちがいいこと〟が大好き。

「仕事はつらいもの」「楽をしてはいけない」「努力は報われる」……誰もが一度は耳にしたことがあると思うが、大笑いである。

心の底から「楽しい！」と思えることを仕事にすべきである。なぜなら、脳は〝気持ちがいいこと〟が大好きだからだ。

目標を達成するために努力すること自体が苦痛だとしたら、それは脳の「楽しくない」というサイン。「仕事だから楽しくなくて当たり前」「生活のために、我慢して働くしかない」などと考えているとすればそれは悲劇そのものである。

もしそうだとしたら、一度立ち止まって、自分自身に問いかけてほしい。「私は本当にこのままで良いのだろうか？」「心の底から楽しいと思えることは、いったい何だろう？」

「気持ちいい未来」を想像しよう

そして、自分自身の「気持ちいい未来」を想像しよう。「こんなワクワクする仕事をしてみたい！」「こんなふうに毎日を楽しく過ごしたい！」という未来の姿である。

少し恥ずかしいくらいがちょうどいいかもしれない。他人からどう思われるかなど気にせず、自分だけの「気持ちいい未来」を自由に描くといい。

私の場合は10年以上前に描いたシナリオのなかで、12個の目標を設定した。いずれも大きな目標ばかりだったが、そのうちの11個は実現できた。

未来を描く際のポイントは、自分がワクワクするかどうか、心が躍るかどうかである。頭で考えるのではなく、心の声に耳を傾けるのだ。

「楽しい」という感情は、目標達成のための原動力となる。夢や目標だけでは、なかなか行動に移せないもの。しかし、心の栄養が脳にセットされれば、目標への行動は意志とは関係なく自動的にできるようになる。つまり、頑張らなくていいのである。

有給休暇ではなく、遊休休暇。遊ぶために休む。

現代人は、時間に追われ、まるでTODOリストを消化するように生きている。仕事に追われ、やらなければならないことに追われ、休むことを忘れてしまっているよう。しかし、それで良いはずがない。私たちは、もっと自由に、もっと楽しく生きていくべきである。

そこで提案したいのが、「遊休休暇」という考え方だ。ガードナーでは、「有給休暇」ではなく「遊休休暇」という言葉を使っている。

「遊休休暇」とは文字どおり、遊ぶための休暇のこと。「え、遊ぶためだけの休み?」、そう思った人もいるかもしれない。

しかし、遊びには、想像以上の力がある。遊ぶための休みは、単なる休息以上の、価値の高い休みとなる。だから、しっかりと遊んでもらうために、「遊休休暇」としている。

社員には、「自分は遊ぶために休みを取ります！」と胸を張って言ってほしい、そう伝えている。ちなみに遊休休暇の取得は無制限にできる。社員が遊ぶために休む日をカウントするなんて、ナンセンスだから。

休むな、遊べ

なぜ「遊ぶ」ことが、それほど重要なのか？「遊び」を通して得られる経験や知識は、仕事にも大いに活かせるからである。自分の足で動き、自分の目で見た経験に勝る財産はなく、必ずよいアイデアにつながる。

例えば、休みもなく働きづめだった人が、ようやく休みを取って旅行に行ったとする。旅先で新しい文化や価値観に触れる中で、仕事で抱えていた問題を解決するヒントに出会ったり、旅の思い出を同僚との間で語り合うことで、新しいコミュニケーションが生まれたりする。

また、「遊び」は、心をニュートラルにし、自由な発想を生み出す力を持っている。仕事で行き詰まったとき気分転換に散歩に出かけたら、素晴らしいアイデアが浮かんだ。そんな経験は誰にもあるはず。私は移動距離とアイデアは比例すると考えているから、遠くに旅に出ればより良いアイデアが生まれるはず。

このように「遊び」は、決して無駄な時間ではない。むしろ人生をより豊かに、より創造的にするための、大切な時間なのである。

全力で遊ぶことを通して得るものがある

では、遊休休暇を使って具体的にどのように遊べばいいのか。昼間から酒を飲んでダラダラするのも遊び。ギャンブルに時間とお金を費やすのも遊び。自宅で何もせずボーッとするのも遊びかもしれない。しかし、そのような遊びはあまり価値がない。

おすすめは、自分を高める遊びである。例えば「隣の県にものすごくおいしいハンバーガー屋がある」と聞いたら、車で行ってみる。雄大な自然の中でキャンプや釣りを楽しむのもいい。美術館に行って感性を磨いたり、歴史的な建造物を見て回ったりする。

重要なのは、休暇中は「徹底的に遊ぶ」ということである。中途半端な気持ちでいると、せっかくの休暇も、ただの「ヒマな時間」になる。「せっかく休みを取ったのにダラダラ過ごして終わってしまった」、そんな後悔はしたくないはず。

せっかくの遊休休暇だから、「いいのかな、こんなことしていて……」という罪悪感は捨てて、徹底的に楽しみ尽くす。心を解放して自由に遊ぶことで、心はニュートラルになり、仕事にも良い影響が現れる。

「遊休休暇」は、自分自身をリフレッシュさせるだけでなく会社にも多くのメリットをもたらす。従業員のモチベーションアップ、創造性の向上、新しいアイデアの創出などなど。ひいては企業の成長にもつながるのだ。

楽しいモノづくりのためにも「遊休休暇」は必要不可欠。仕事も遊びも真剣に。それが、豊かな人生を導く鍵となる。

勉強とは、「旅と読書」。

「勉強」と聞いて何を思い浮かべるだろうか？　退屈な机上の学習を想像する人もいるかもしれない。しかし、真の勉強とは、もっと自由で、ワクワクするような体験であると私は考える。私にとっては「旅と読書」こそが最高の勉強なのだ。

旅先では、自分から人に積極的に話しかける。老若男女問わず声をかけまくる。声をかけないと出会いはゼロである。浅い挨拶程度に終わることもあるが、人生を語ることもある。人生を語り合う貴重な時間へと発展することもある。

旅に出たら、出会った人に自分から声をかけるのだ。相手から声をかけてくれることなんて、ほとんどない。自分から声をかけないと旅ではない。まずは「こんにちは」という日頃の挨拶からでも構わない。挨拶もできない人には、旅はできない。

旅をして出会うものは人だけではない。いろいろなモノやコトとの出会いで、旅に出て良かったなと感じる。旅は五感を刺激し、心を豊かにしてくれる体験となる。

これからの時代、消費者が求めるのは「体験」である。京都の静かな日本家屋で味わう、本場の湯豆腐が良い例で、数万円の価値は、湯豆腐そのものではなく、その空間、時間、そしてサービスを含めた「体験」全体にある。

自らもお金と時間をかけてでも、質の高い「体験」を積み重ねていくこと。それが、顧客を感動させる、唯一無二のサービスを生み出す力となるのだ。出会いと体験を大切に、自分の人生を豊かに彩ろう。

書籍は想像力を鍛える勉強になる

一方「読書」は、時間と空間を超えて、偉大な先人たちの知恵や経験に触れられる、まさに心の旅。特に歴史上の人物をテーマにした小説を読むことで、彼らが直面した困難や、それを乗り越えてきた方法から、多くの学びを得られる。ビジネスの世界でも歴史から学ぶことは多く、実際、多くのビジネスリーダーが歴史書を愛読している。

映画もいいが、映画だとボーッと見ていてもストーリーが進むのでどうしても受け身になりがち。やはり、能動的に読む必要がある読書のほうが、想像力をかき立てられる。

例えば、『永遠の0』という映画にもなった本がある。戦争映画でありながら、普遍的な人間ドラマとして多くの人々に愛されている作品で大ヒットした。私も大好きな映画だが、それでも百田尚樹さんの原作の素晴らしさを超えられない。原作では登場人物の心理描写がより深いし、想像力を働かせる余地がある。何度読み返してもまた新たな発見があるのも本の良さである。映画と本を両方味わって違いを比べてみるのもいい。

ちなみにガードナーでは、社員が読書する際の本代はすべて会社が負担する。遊休休暇中の旅（一人旅）に関する交通費とホテル代も会社負担。それは海外旅行でも同じ。出張でもないし、報告書も不要。旅のエッセンスを帰国後話すだけで十分と考えている。海外に一人で行くというのは、実は楽しくもあり、かなりの勇気が必要なもの。これは個人の実力として成長につながる。

忙しい人ほど、本を読む。ヒマな人は、本を読まない。

「忙しいから本を読んでいるヒマはない」、そんなふうに言う人もいるが、逆である。忙しい人ほど本を読む。これは、私が長年多くの人と接する中で実感してきた真実である。まとまって何時間も本を読むことなんて、忙しい現代人には誰もできない。時間を有効活用することにたけた人は、どんなに忙しくても、隙間時間を見つけては読書をし、常に新しい知識や情報を吸収しようとする。そのために、いつもカバンの中に本を入れて持ち歩いている。そして、電車の通勤中や待ち時間、昼休みに食事を取ったあと、夜寝る前の一時など、ちょっとした時間を見つけてはページをめくる。1日3ページでもいいので、読むことを続ければそれは習慣になる。

「旅」に対しても同様。限られた時間で旅に出るからこそ、その時間を最大限に楽しめる。なお「旅」や「読書」を通して得た知識や経験は、自分の中にとどめておくだけでは宝の持ち腐れになってしまう。本当の意味で自分のものにするためには、積極的にアウトプットしていくことが重要。

例えば、旅先での感動をブログやSNSで発信したり、そこで得た学びを仕事に活かしたりする。読書の感想をSNSに投稿することも有効だ。また、周りの人に旅の話をし、本の内容について語り合うことも、素晴らしいアウトプットになる。

「勉強=机に向かってする難しいもの」という固定観念は今日で捨て去り、「旅と読書」を実践してみよう。

遊びも一生懸命にやれば仕事になる。

「遊びも仕事も一生懸命にやったほうがいい。遊びは一生懸命にやれば仕事になる」

これは、私が常々、社員の皆に伝えている言葉である。多くの人は、「遊び」と「仕事」を分けて考えがちだ。仕事は生活のため、遊びは息抜きのため、と。

しかし私は、人生をより豊かに、よりエキサイティングなものにするためには、「遊び」と「仕事」の境界線を溶かし、むしろ「遊び」を「仕事」にしてしまうくらいの気持ちで生きるべきだとしている。楽しくなくては仕事ではないのだ。

遊ぶときも、ダラッと惰性で遊んでいる人が多い。そうではなく、全力で楽しみ、好きで好きでたまらない、という状態が重要なのだ。例えば、バイクが好きで好きでたまらないという人だったら、バイク雑誌やインターネットで情報を集めまくるはずだ。休みの日には、ツーリングに出かけたり、バイク仲間と語り合ったりする。さらに、本当に「好き」

を突き詰めている人は、そこからもう一歩踏み込む。ただ消費するだけでなく、自ら創造することを通して、その「好き」を深めていく。

好きなことなら夢中になって何時間でも続けられる

最近私は、中学時代からの友人たちと新しい会社を立ち上げた。社名は「Hanger74株式会社」。ハンガーには、格納庫、洋服をつり下げるハンガー、ハングリー精神など、さまざまな意味を込めている。そして、「74」は1974年のことで、私たちが青春時代をともに過ごした、大切な年なのだ。

この会社では、映画『イージー★ライダー』に登場するような、アメリカンなスタイルのカスタムバイクを製作・販売する。ハーレーダビッドソンのエンジンをベースに、ピーター・フォンダが演じたキャプテン・アメリカや、デニス・ホッパーが演じたビリーが乗りこなしたバイクを、現代によみがえらせるのである。

実際に準備を進めている途中、私たちは興奮しっぱなしである。バイクのデザインや塗装、エンジンの構造、使用する部品のこと……何時間語り尽くしても足りない。それほど私たちにとって、楽しく、夢中になれる仕事なのだ。

バイクの原価は300万円ほど、販売価格は800万円を想定している。「そんな高いバイク、誰が買うんだ?」と思う人もいるかもしれない。しかし、世界には、私たちと同じように、このようなバイクに情熱を燃やす人たちがいるのだ。彼らにとって800万円は、単なる金額ではなく、夢と情熱を形にした、唯一無二の価値を持つものである。夢のためだから、高くても買うのである。

このビジネスは、「遊び」と「仕事」の境界線を完全に消し去った、まさに「好き」を仕事にした例といえる。そして、このようなビジネスモデルは、現代社会においてこそ、大きな可能性を秘めていると私は信じている。

今の世の中には、このように徹底的に遊びをやっている人が極めて少ない。少ないということは、それだけ求められる人材であることになる。徹底的に遊びをやっている人が求められているのだ。世の中から求められれば、それは仕事になる。自分自身の「好き」を突き詰め、「遊び」を「仕事」に変えていく。「仕事を遊びに」「遊びを仕事に」という人が成功するのが、この世の中の美しき流れである。

WANTを超えてクレイジーまでいけ！

誰しも、「これがしたい」「あれが食べたい」「あそこに行きたい」といった「WANT（欲求）」をたくさん抱えているものである。しかし、そのWANTをクレイジーなまでに突き詰める経験を持つ人は少ない。

私は、単なるWANTを超えてクレイジーにまで突き詰めることが、人生を豊かにする鍵だと信じている。

突き詰める先に待つ喜び

例えば、私の趣味はパワーリフティング。重たいバーベルを持ち上げたり、下ろしたりするだけの競技。はたから見れば「なぜそんなことやるの？」と首をかしげられるような行為だろう。いちばん身近な妻にさえ理解されない。根暗なスポーツだと思われても仕方ない。

しかし、パワーリフティングもとことんまで突き詰めることで得られる喜びがあるのだ。全日本選手権にも出場し、私の最高記録は、スクワット２５５kg、ベンチプレス２１０kg、デッドリフト２５５kg。ほんの５００gでも、重いバーベルが持ち上げられるようになったら、その喜びは大変なものである。単なる欲求を満たす以上の快感といえる。ランナーズハイにも似ているようである。

スポーツに限らず別のジャンルでも言えること。先日、ある弁理士の先生と話をする機会があったが、彼もまったく同じ感覚の持ち主だった。弁理士というのは、知的財産や特許を扱う専門家。発明者に依頼されて、特許を取る手続きをする、といったことを仕事にしている。彼は、難しい案件であればあるほど、燃えるのだと言っている。発明度が高いアイデア、つまり確実に特許を取れそうな案件を受けるよりも、「これは取れるかな」「取るのはちょっと難しそうだな」という案件を引き受け、特許取得を成功させることに、無上の喜びを感じるというのだ。

相当の変わり者といえるが、私にはよく分かる。仕事でも趣味でも、苦しい状況を超えた先にこそ、真の喜びや快感が待っているのだから。

あるとき、突然訪れる至上の瞬間

最近の言葉で表現するなら、「フロー状態」とでも言うのだろうか。時間を忘れて没頭し、至上の幸福感に包まれる、あの感覚だ。

仕事が好きになる、というのも、このフロー状態と密接に関係している。

仕事でも、根気強く、諦めずに取り組み続けることが重要だ。最初は「できない」「そんなことできるわけない」と周囲から反対されても、自分を信じてやり遂げる。すると、あるとき突然、壁を突破できる瞬間が訪れる。

私の仕事は主に開発業務である。新しい商品を開発しようとすると、最初はなかなかうまくいかず、失敗ばかりが続く。しかし試行錯誤を繰り返すうちに、ある日突然、驚くようなアイデアが閃き、開発が成功する。その瞬間の喜びは何物にも代えがたい。

最近では、「手洗い洗車機」の開発に取り組んでいる。高圧洗浄機とブラシが一体化したようなものをイメージしているのだが、開発を思いついて周囲に話すと、「そんなことできるわけない」と一蹴されてしまった。しかし、諦めずに試行錯誤を繰り返した結果、ついに開発してしまい特許まで出願した。

今までこのような経験をたくさんしてきた。困難な目標に挑戦し、周囲から反対されながらも、努力を継続することで、道が拓けていく。そしてその過程で、想像もしなかったような発見や出会いがある。それらが、やがて点と点でつながり、大きな方向性を示してくれる。

そうなったとき、人はWANTを超えたクレイジーな状態へと突入する。寝食を忘れても、その仕事に没頭したくなるほどの、強烈な情熱と集中力に突き動かされるのだ。

常識や周囲の声に惑わされることなく、自分のWANTをクレイジーにまで突き詰めてみてほしい。そこには、想像を超えた素晴らしい世界が広がっているはず。

PDCAではなく、DDDD。

私は常々、社員に「行動すること」「アウトプットすること」「動くこと」の重要性を説いている。なぜなら、頭の中で素晴らしいアイデアを思い描いていても、行動に移さなければ何も生まれないからだ。

私がサラリーマン時代に先輩からよく言われたことは、「バカは動け」だ。この言葉は乱暴に聞こえるかもしれないが、行動することの大切さを端的に表した、私が大切にしている言葉の一つである。

よくビジネスの世界では、PDCAサイクルが重要だと言われる。Plan(計画)→Do(実行)→Check(評価)→Action(改善)のサイクルを回し続けることで、業務を効率的に改善していく手法だ。

もちろん、PDCAサイクルはビジネスの基本として重要な考え方である。しかし、私は、特にアイデアを形にする段階では、「ＤＤＤＤ（Ｄｏ Ｄｏ Ｄｏ Ｄｏ）」、つまり行動あるのみだと考えている。行動すれば、自ずと次の課題や改善点が見えてくるからである。

行動を起こせば、次のアクションが見えてくる

世の中には、真面目に勉強したり戦略を練ったりすることに時間を使いすぎる人が少なくない。かつての私もそうでランチェスターの経営戦略などを学ぶビジネス勉強会に参加して、事業計画書を作成していたが、結局は机上の空論に終わっていた。行動することなく頭でっかちになっていたのだ。計画書は賞味期限切れになり、本来やりたい事業さえも実現できない状態だった。

アウトプット、つまり行動することこそが真の学びを生み出すのだと気づいたのは、それから数年後のことである。アウトプットとは、自分が得た知識や経験を他者に伝えることであり、それはリーダーや社長の役割そのものである。人に教えるためには、まず自分が深く理解していなければならない。つまり、アウトプットを通して、インプットの質も向上していくのだ。

２０２４年、私は「学びの年」と位置付け、海外へ積極的に行くことを決意した。１年間に最低25回は海外に滞在し、さまざまな経験を積み続けている。例えば世界最大級のあらゆる業界の展示会に参加し、いろいろな最新の技術、最新の商品を見て回っている。このように生の情報に触れることで、机上の空論では得られない、より実践的な学びを得られる。

行動しない人の多くは、「距離が遠い」「時間がない」といった言い訳をする。しかし、例えば国内でも、２時間半から３時間あればどこへでも行ける。本当にやりたいことがあるなら、距離や時間は言い訳にはならない。

踏み出さなければ何も見えてこない

ＰＤＣＡを重視している人からは、「計画を立ててから行動すべきだ」などと批判されるかもしれない。しかし私は、行動を起こせば、自然とチェックすべき点や計画、次のアクションが見えてくると考えている。「今度はこうしよう」「次はあれに挑戦してみよう」と、行動から新たな発想が生まれるのだ。だからＤＤＤＤでもまったく問題ない。

具体的な行動を起こすためには、スピードと段取りが重要になる。まず、期限を自分で決めること、つまり「心の納期」を持つことが重要である。「いつまでにこれを達成する」という明確な目標を設定することで、行動にスピード感が生まれる。

そして、行動と並行して「段取り」を常に調整していくことも大切である。一人ひとりがＴＯＤＯリストを作成し、やるべきことを明確化することで、スムーズに行動に移せる。

何か新しいことを始めるとき、私たちはつい完璧を求めてしまいがちである。しかし、最初から完璧を目指そうとすると、行動に移すこと自体が億劫《おっくう》になってしまう。重要なのは、完璧を目指すことではなく、まずは行動を起こし、経験を通して学びながら改善していくことである。失敗を恐れず行動し続けることこそが、成功への最短ルートなのだ。

人から聞いたことは語れない。自分の体験は語れる。

「あのとき、○○に行ったんだけど、すごい体験をしたんだ！」

こんなふうに、自分の体験を熱く語れる人っている。その場にいるようにいきいきと話す姿は、周りの人を惹きつけ、自然と耳を傾けたくなる魅力にあふれている。例えば私は、ハーレーダビッドソンでアメリカを横断したことがあるが、そういう経験って自信を持って語れるのだ。でも実際に行ったことがない人は同じように語れない。ハーレーダビッドソンでアメリカを横断した人のYouTubeを見たところで、自分で体験していないことはうまく語れないし、語ったところで面白いと思ってもらえないだろう。

体験こそが人を惹きつける

どんなに難しい本を読んで知識を蓄えていても、自分の言葉で語れなければ、周りの人に響くことはない。なぜなら、人から聞いた話や、本やインターネットで得た知識は、あくまでも他人のフィルターを通した情報であり、自分の経験に基づいたものではないからである。

情報には、一次情報、二次情報、三次情報、四次情報があり、情報源からの距離によって分類できる。これは私なりの分類だが、次のように考えている。

●一次情報：自分自身が直接見たり、聞いたり、触ったり、体験したりして得た真実の情報。例えば、実際に旅行した場所の風景、自分の目で見た事件や事故、直接話を聞いた人の言葉などが挙げられる。
●二次情報：一次情報を得た人から聞いた情報。あるいは本（雑誌以外）を読んで得た情報。
●三次情報：SNSなどインターネット上にある、発信者が自ら体験して得た情報。
●四次情報：新聞、ラジオ、テレビ、雑誌などのマスの情報。

このように、情報源から遠ざかるにつれて情報は加工され、客観性が失われていく可能性がある。なかでも重要なのは、インフォメーションではなくインテリジェンスと言われる一次情報と二次情報である。私たちは、自分の五感をフルに使って体験した出来事のほうが、より鮮明に記憶に残りやすい生き物なのだ。自分自身が体験した一次情報や、その体験談を直接聞いた二次情報に価値がある。

失敗談を語れる人はモテる

人は基本的に、自分に興味を持ってもらいたい、もっと自分のことを知ってもらいたいという気持ちを持っている。それは、「モテたい」という気持ちが根底にあるからではないだろうか。

この「モテたい」という気持ちは、決して恥ずべきものではない。むしろ、人間が成長していくための原動力といえるのだ。異性からモテたい、同性から尊敬されたい、親や先生から認められたい、そんなふうに思うことは、自分を高め、より魅力的な人間へと成長させてくれる。

そして、自分を魅力的に見せるための最強の武器となるのが「体験談」、つまり一次情報なのだ。自分が経験したことを語ることで、その個性や魅力をより深く理解し、共感してくれる人が増えるはずである。

頭が良いと言われる人ほど、知識をひけらかすような話し方をしてしまいがちだが、本当に魅力的なのは、豊富な知識を持っている人ではなく、さまざまな経験を通して自分自身の言葉で語れる人なのだ。

なかでもウケるのが失敗談だ。完璧な人間よりも、少し抜けている部分があったほうが、親近感が湧きやすく、魅力的に映ることもある。私もたくさんの失敗をしてきた。これからもさまざまなことに挑戦し、たくさんの失敗を経験しながら、自分だけの「体験談」を増やしていきたいと思っている。

仕事も遊びも、見る前に跳べ！

私たちの会社では、「仕事も遊びも見る前に跳べ」という行動指針を大切にしている。これはどういう意味かと言うと、考えすぎずにまず行動してみようということ。しかし、世の中には慎重すぎてなかなか動こうとしない人が多い。

例えば、「海外旅行に行きたいな」と思っても、「今年はちょっと難しいから来年あたりにしようか」と言う人がいる。そんな人は、結局行かないまま何年も経ってしまうことがほとんどである。

つまり、何かのチャンスに出会ったとき、直感的に「良いな」と思ったときにすぐに行動できない人は、一生スタートできない人。この差はとても大きいといえる。

実はこれ、ちょっとした習慣で直すことができる。「見る前に跳べ」というマインドを持つことだ。テレビを見ていて、きれいなお花畑が映り、「行ってみたいな」と思ったらすぐに出かける。今すぐが無理なら、週末に行くと予定を決めてしまう。

あるいは本を読んでいて、「この人の考え方はすごい。この人にぜひ会ってみたい」と思ったら、まずメールしてみる。メールアドレスが分からなくても、その人がSNSをやっていれば連絡先を見つけられるかもしれない。コンタクトを取る方法は何かしらある。

そんなふうに、まず慎重に考えるのではなく、まず行動することを習慣にしてみよう。実際に見に行ってみたら、案外きれいな花畑じゃなかった。話してみたらたいした人じゃなかった。そんな目に遭うかもしれないが、それもまた貴重な体験。体験すれば人に語れるし、一つの学びになる。

1分1秒でも速く！　スピードのある行動力が成功を呼ぶ

ビジネスも同じ。世の中には行動力のない会社が多すぎる。行動力があるとは、「知る」と「する」の間の時間が短いこと。成功する人は知るとすぐに行動する。つまり、「すぐにやる」ではなく「今やる」。

「見る前に跳べ」という行動指針は、スピード感を持つことと直結している。その先にアイデアが生まれる。慎重に考えてからとゆったりと構えている中では、なかなかアイデアは生まれない。「スピードは大事だけど……」という人は最悪。何も分かっていない。

ここで重要なのは、行動するための原動力となる情熱である。ただの計画や戦略だけではなく、情熱を持って取り組むことが成功への鍵となる。スピード＝情熱なのである。世の中には、多くの成功している会社があるが、その共通点は情熱を持っていること。逆に、情熱がなくてうまくいっている会社はほとんどない。

行きたい場所や会いたい人がいるなら、その日のうちに行動しよう。1分1秒でも遅れると、それだけでロスになる。行動すれば次の現実が見えてくる。その場所に行ったら、「次はこうしよう」と具体的なプランが立てられる。

一方、何も行動しないで頭の中で考えているだけでは、ずっと「ああでもない、こうでもない」と悩んでいるだけになる。行動することで、形や色、人々の反応が分かり、それを次に活かすことができる。

「見る前に跳べ」というマインドを持つことで、人生は大きく変わる。直感を信じて、まずは一歩踏み出してみよう。仕事も遊びも、スピード感を持って行動することが成功への鍵。今日から、「見る前に跳べ」の精神を実践してみてほしい。

経営計画書なんてクソくらえだ！

多くの経営者は、事業計画や経営計画を立てることに力を入れている。経営塾などでも、必ず経営計画書を作ることを教えられる。しかし、私はそれに反対の立場である。

私自身、20年ほど前にビジネス塾に入り経営計画書の作り方について研修を受けたことがある。しかし私はその作成が非常に苦手で、講師からは作った計画書をボロクソに言われたものだ。一方、経営計画書を素晴らしく上手に作れる人もたくさんいた。しかし、計画書作成が上手だからといって、その人の経営がうまくいっているとは限らない。

先日、その経営塾時代に知り合った経営計画書の作成が得意な人と、十数年ぶりに再会した。相変わらず素晴らしい計画書を作っていたが、肝心の業績を聞いてみるとズタボロ。一方、経営計画書作成を一切しない私の会社は絶好調。このように、計画書と実際のパフォーマンスの間に大きな差があるケースは決して珍しくない。

経営計画書は銀行が作ればいい

私がこういうことを言うと、「銀行融資を受ける際は、経営計画書が必ず必要だ」と反対意見を述べる人もいる。確かにそのとおりで、銀行は融資審査の際に、その会社に決算書だけでなく経営計画書を提出させる。

実際に私の会社も創業当初は資金繰りのために無理矢理経営計画書を作ったこともあった。でも、今は作っていない。ガードナーには、大手地銀どころかメガバンクからも借入れのお誘いが来るが、やはり計画書は出していない。銀行の担当者には「作っていないので出せません」と答えている。それでも銀行からの融資は受けられている。おそらく銀行側が代わりに計画書を作成し、審査しているのだろう。

ビジネスで何より大切なのは、スピード感を持って実行していくこと。アイデアはあくまでも出発点に過ぎない。重要なのは、そのアイデアを形にする行動力なのである。綿密な計画はまったく必要ない。

じっくり計画を立てて大きく動くと、失敗したときのダメージも大きくなる。経験が浅いと、状況の変化に対応しきれず、失敗のリスクも高まる。一方、失敗を恐れず小さく始め、ダメだと思ったらすぐ撤退する。そうやって小さな失敗を繰り返すことで、貴重な経験と知見が手に入る。それが成功のコツだ。

経営に正解はない。むしろ経営とは常に手探りの連続だと言える。だからこそ、変化に柔軟に適応しながら、自分の信念を貫き通す力が必要不可欠なのである。

そういえば経営塾の講師は、「経営は計画が半分、情熱が半分」と説いていた。今の私は「経営は情熱が90%、計画は10%」だと思っている。熱い思いを持ち続けること。仲間と知恵を出し合い、助け合いながら前に進むこと。これこそが、企業の成長を支えるいちばんの力だと、私は信じている。

「目標」ではなく、「予測」を持つこと。

「計画が必要ないとはいえ、目標は必要なのでは？」と思うかもしれない。確かに、ビジネス書にも必ず目標設定の重要性が説かれている。しかし、私はこの考え方に疑問を感じている。そして「目標」よりも「予測」が大切だと考えている。

例えば、おにぎり屋を経営しているとする。ある日、近くの学校で明日運動会が開催されることを知った。このとき、「運動会だから、いつもより4倍は売れるだろう」と予測できれば、いつもの50個ではなく、200個のおにぎりを用意する、といった行動を取れるだろう。

その予測が的中すれば大喜びだし、予測なしに50個しか用意していなければ、10時には売り切れて機会損失となってしまうだろう。

つまり、予測があれば目標はいらないのである。目標というのは「自分がここまで頑張りたい」という理想であり、往々にして現実とは乖離《かいり》しがちだ。一方、予測は「こうなるだろう」という未来への洞察である。行動すれば自然と予測は生まれる。私はこの予測こそが、経営において非常に重要だと考えている。

予測すれば自然と目標達成に向かう

私が中長期の計画を立てることに懐疑的なのも、これと同じ意味合いからだ。1年先の世界ですら予測が難しいのに、5年先、10年先を計画しても意味がない。

ただし、自分の人生では長期ビジョンを持つことが大切だと思う。これは他人に話すものではなく、自分の心の中にしまっておくべきものだろう。

これまでの経営経験を経て、私がたどり着いた結論は「目標を立てるな、予測をしろ」だ。予測さえできれば、目標は自ずと達成される。未来を見通す力こそが、経営者に最も求められる資質なのではないだろうか。

仕事は「頑張るもの」ではない。「楽しむもの」だ。

世間では、「仕事は頑張るものだ」といわれている。しかし私は、仕事は「頑張るもの」ではなく、「楽しむもの」だと考えている。仕事を楽しんでいる人には、楽しい人が集まり、楽しいことが起きるのである。これは宇宙の法則といってもいいくらい、真理である。一方「金さえ儲かればオッケー」という仕事をしていたら、それと同じような考えを持つ人が集まってくる。これも真理である。

ガードナーは、まるで私のおもちゃ箱のような会社だ。扱っている製品がユニークなばかりでなく、オフィスにもおもちゃ箱のようなワクワクが詰まっている。営業車は全部真っ黒なアメ車。なんでこうなったかというと、私自身が楽しまなくてはいけないと思っているから。私はうそ偽りなく自分の価値観を100%、会社にぶつけている。それこそが経営者という仕事の醍醐《だいご》味《み》だ。

楽しく仕事をする人の元には、人が集まる

このように心底楽しみながら仕事をしていると、「あの会社ってなんか楽しそうなことやっているよね」と人が集まってくる。会社の一員になりたい人はもちろん、外部の人も。いろいろな人が集まってくると、情報も一緒に集まる。楽しいことが楽しい情報を呼ぶのである。私の価値観を発信し続けていれば、共鳴する人が現れて寄ってきてくれるのだ。この力を利用しない手はないと私は思っている。

楽しいことが楽しいことを呼ぶ

会社だけでなく、人生もそう。私は空手を45年やってきたが、頑張るのが嫌いだから、一回も頑張った覚えはない。好きで、好きでしたかったから続けただけ。それだけの話。プロスポーツの選手もみんなそうだと思う。そうでなければトップになれない。

大谷翔平選手は、頑張ったからプロ野球選手になり、メジャーリーガーになり、ＭＶＰをとれたのか。確かに頑張ったのかもしれないが、それよりも、野球が好きで好きでたまらなく、毎日楽しんでやっていたら、その結果として一流の選手になったのではないだろ

うか。頑張ったからプロになれるほど、プロの世界は甘くはない。

だから私は、楽しくないことは一切しない。例えば、同窓会、久しぶりに会う友達との時間は懐かしさでとても楽しかった。だが、2回目に会うときには楽しさが半減している。その友達はとても良い人たちなのだが、病気、薬、年金の話は楽しくない。元カノよりNewカノのほうが楽しい（笑）。

仕事でも人生でも、楽しいこと、好きなことを追求することが大切だと私は考えている。頑張るのではなく、楽しむことに重点をおくことで、同じような価値観を持つ人が集まる。それは想像もしていなかったような化学反応を起こすこともある。そのようにポジティブな気持ちで日々を過ごすことが、幸せで充実した人生につながるのではないだろうか。

今でなかったら、いつがベストか？心の納期を決めろ！

人生において大切なのは、決断と行動だ。やりたいと思ったことは、すぐに実行に移すことが重要。「いつかやろう」「来年やろう」と先延ばしにしていては、結局何も始まらない。

例えば、海外旅行に行きたいと思ったなら、今すぐ予定を立てること。もちろん、仕事や家庭、お金などさまざまな事情で今すぐには行けないこともあるだろう。その場合大切なことは、「絶対に○月○日に行く」と期日を決めること。タイミングを逃せば、二度とチャンスは巡ってこないかもしれない。だからこそ、勇気を出して一歩を踏み出す。それが人生を変える第一歩となる。

思いついてから動き出すまでの時間は、早ければ早いほど、短ければ短いほどいいと思っている。アイデアを思いついた瞬間から5秒以内に走り出せる人もいれば、1時間後、1週間後、1カ月後に動く人もいる。1年経ってからようやく動き出す人もいる。でも1年経った頃には、そのアイデアはすでに陳腐なものになっている。動き出すなら「今でしょう」が鉄則。

そして何事もスピード感が重要だ。「今度やりましょう」では進まない。「今日やろう」「明日はどうだ」と即断即決、スピーディーに物事を進めていく。それが成功者と凡人を分ける分かれ目なのである。

「ケツを決める」ことの重要性

私は社員にも「ケツを決める」ことの重要性を説いている。期限・締め切りを設定しないと、いつまでも終わらない仕事もあるからだ。納期のない仕事は存在しない。心の納期を決めることはすべての仕事に必須なのである。「この仕事いつまでにやればいいですか?」「いつでもいいです。できたときでいいですよ」。こんなやりとりをしていては、「この仕事、本当にあるの? 大丈夫?」と不安になってしまう。

締め切りを設定することは、スピードを上げるためのいちばんの近道でもある。それは頑張ることよりも大切だと、私は考えている。心の納期は「アフターバーナー」になり、ぶっ飛びの仕事ができるということをデキるビジネスマンは知っているのである。猛スピードでお尻に火をつけるための最初の合い言葉、それが「心の納期」なのである。

先日も社員から「彼女を作りたい」という話を聞いたときに、私は言った。「では、○月○日までに作りなさい」と。そうすると彼は、「1カ月しかないじゃないですか!?」と驚いた。でも私は「1カ月あれば十分じゃん」と言ってあげた。

「1カ月の間に彼女を作る」と締め切りが決まれば、本人は頭をフル回転させてその方法を考えると思う。女性がいる場所に行ったり、自ら飲み会を開いたり、マッチングアプリに登録したり。そんなふうにいろいろ行動すれば、何らかの結果が出るはず。1カ月で恋人を作ることはできる。だから納期を決めることは私生活にも大事なのである。

さあ、何をしたいか。どんな人生を歩みたいか。思い立ったが吉日、今日から一歩を踏み出そう。今この瞬間が、人生のターニングポイントである。

本を読むなら歴史小説。そこには世代を超えた共感がある。

私は若い頃、ビジネス書を読みあさった。そこに書かれているノウハウを実践すれば、きっとうまくいくはずだと信じていたのである。しかし、いくらまねをしてもなかなか結果には結びつかない。そんな悩みを抱えていたとき、ふと手に取ったのが歴史書だった。幕末や明治期の志士たちの生き様を知るうちに、彼らの強い信念と行動力に感銘を受けずにはいられなかった。それ以来、私は歴史書、特に時代小説を愛読するようになったのである。

歴史書には「生き方」が書かれている

歴史書から学べることは実に多岐にわたる。まず何より、先人たちの知恵と志に触れられる。武将や志士たちがどのような思想を持ち、どう行動したのか。その生き方からは、現代を生きる私たちが学ぶべき教訓が数多く詰まっている。歴史書を読むことで、人間とは何か、人生とはどうあるべきかを根本から考えさせられる。

また、歴史書からは「生き方」そのものを学ぶことができる。志を持ち、信念を貫き、最後まで諦めない。先人たちの姿勢は、どんな逆境にも負けない強さを与えてくれる。そこには時代を超えた普遍的な価値観があり、私たちの心を揺さぶり、奮起させずにはおかないのである。

ビジネスの世界では知識だけでなく、人としての魅力も問われる。その点、歴史書は私たちの人格形成にも大きな影響を与えてくれる。偉人の生き様を知ることで、志が養われ、精神性が磨かれていく。そうして形作られた価値観や人生観は、仕事にも必ず反映されるはず。

だからこそ私は、特に若いビジネスパーソンには歴史書を読むことをおすすめしている。歴史を知り、先人の知恵を学び、人間としての幅を広げる。それがひいては仕事の質を高め、キャリアアップにもつながっていくのである。ビジネス書に頼るよりも、まずは歴史書を手に取ってみてはどうだろうか。

幕末、明治期の志士に学ぶ

特に私がおすすめしたいのは、幕末から明治にかけての激動の時代を描いた作品だ。例えば司馬遼太郎の『竜馬がゆく』。

ここで一つ、私が好きな坂本龍馬のエピソードを紹介する。幕末、時代を駆け抜けた風雲児、坂本龍馬。32歳という若さで海援隊を立ち上げ、「これからはカンパニーじゃぁ!」と、新しい時代の波に乗ろうとしていた矢先のこと。海援隊の船、いろは丸が、紀州和歌山藩の蒸気船・明光丸に衝突、沈没してしまうという大事件が発生する。

相手は天下の紀州藩、つまり徳川御三家。対する龍馬率いる海援隊は、脱藩浪士の集まり、いわばフリーター集団。「徳川御三家VSチームフリーター」では勝ち目がない。誰もが龍馬たちの敗北を予想する中、彼は驚くべき行動に出る。

なんと、賠償金目当てに歌を作り始めたのである。「船を沈めたそのつぐないは、金をとらずに国をとる♪」の歌を皆で歌い、世間にはやらせ、紀州藩にプレッシャーをかけようとした。

龍馬の戦略はそれだけではない。彼は、幕府主導ではなく、国際的なルールブック「万国公法」を持ち出し、裁判の公平性を訴える。さらに交渉の場では、仲間の浪士たちに日本刀で自分を脅させるという、大胆なパフォーマンスを披露。浪士たちのけんまくに紀州藩の面々は恐れおののく。「リーダーの龍馬があんなにいじめられているぞ。海援隊のやつら怒らせたらヤバイかも……」。これも龍馬の巧妙な作戦だった。周囲を巻き込み、状況を有利に進める、彼の天才的な戦略眼がそこにはあった。

そして最終的に紀州藩は、龍馬に8万両（現代の価値で約5億円！）もの賠償金を支払うことになる。なぜ、そんな大金を手にできたのか？　それは、龍馬が、いろは丸に実際には積んでいなかった最新鋭のミニエー銃400丁を積んでいたと主張したから。大胆すぎるハッタリと、巧みな交渉術によって、龍馬は不可能を可能にしたのである。

窮地に立たされたときこそ、龍馬は、持ち前の明るさと行動力で、人生を楽しみ尽くした。彼の残した「なんでも思い切ってやってみろよ」という言葉は、現代を生きる私たちに勇気を与えてくれる。龍馬のように、人生を冒険として楽しみ、挑戦し続けること。それが、彼の生き様から学ぶ、最大の教訓なのかもしれない。

龍馬だけではない。勝 海舟、大久保利通、木戸孝允……。幕末の志士たちの伝記を読めば、その強い意志と行動力に心を打たれずにはいられない。彼らは皆、理想の実現のために自らの命をも顧みなかった。そこにはビジネスの世界だけでなく、人生そのものを生き抜くための知恵が隠されているのである。

志高く生きた先達のＤＮＡを自らの血肉としていく。ページをめくる手が震えるような、そんな感動を歴史書から得られたなら、きっとビジネス人生も新たな局面を迎えるはず。ぜひ歴史書を片手に、知と志を深める旅に出てみてほしい。きっと素晴らしい発見と成長が待っているはずだ。

ゆっくりでも、止まらなければ、結構進む。

人生の中で、やりたいことに挑戦し、理想を実現しようとするとき、誰もが壁にぶつかるものだ。途中で頓挫してしまうこともあるだろう。しかし、そこで諦めてしまっては前に進めない。たとえ小さな一歩でも、前に進み続けることが重要である。

知識だけでは意味がない。肝心なのは、実践に移しているかどうか。毎日コツコツと努力を積み重ねていけば、ゆっくりでも着実に目標に近づいていけるはず。

独立・起業を目指す人なら、毎日少しずつ準備を進めていくといいだろう。ＴｏＤｏリストを作り、目に付いたものからこなしていく。大切なのは、ただリストを作るだけでなく、実際に行動に移すこと。順番はともかく、とにかく一つずつ片付けていくのである。

そのようにして実践していても、意外と前に進んでいないように感じることもある。しかし、たとえ小さくても毎日実践していれば、確かに前進する。

大切なのは「計画」より「段取り」

一朝一夕には結果は出ない。新しいことにチャレンジするなら、それなりの時間とエネルギーを覚悟すべきだ。

何度失敗しても頓挫せず、粘り強く続けられるかどうか。それが成功の分かれ目となる。考えるだけでは前に進まない。失敗を恐れず、実際に動いてみること。何度失敗してもめげずに挑戦し続ける。そうした姿勢があってこそ、夢の実現に近づけるのである。

もちろん、闇雲に突き進めばいいというわけではない。その際に必要なことは、「計画」というよりも「段取り」である。いつ、何を、どうやって実行するのか。「段取り」を意識しておく必要がある。全体を見据えつつ、タスクを細分化してこなし、やるべきことを明確にして、優先順位を付けて取り組んでいくということである。

理想を実現する道のりは決して平坦《へいたん》ではない。幾多の困難が待ち受けているだろう。でもそれでも、めげずに挑戦し続けること。一歩ずつでも前に進み続けること。それが夢をつかむための秘訣《ひけつ》だと考えている。

運に出会えるのは自ら動いたときだけ。

「運」を信じているか？　私は信じているが、それは多くの人が考える「運」とはちょっと違うかもしれない。

「運」という言葉からは、どこからか舞い降りてくるような、偶然受け取るような、そんな印象を受けるかもしれない。しかし、私の経験から言えば、運に出会えるのは自ら行動を起こしたときだけ。待っていては何も起こらない。自分から一歩踏み出し、行動することではじめて運に出会えるのである。

運命は自分で切り拓くもの

だから神社にお参りする際も、運頼みのお願い事をしない。普通は「試験に合格しますように」とか「事業が成功しますように」「宝くじが当たりますように」といったお願い事をすると思うが、私は違う。

まず手を合わせ、「今日は参拝させていただきありがとうございます」と心の中でお礼を言う。それから「いつもお導きいただきありがとうございます」。そして最後に「知恵を授かり、たくさんの人が喜びますように」と言う。毎回このパターンで、何か具体的な頼み事をすることはない。

神様は神社にいるけれど、自由に動けるわけじゃない。しかし人間は自由に動ける。だから自分が神様の代わりに動く覚悟を示し、知恵を授かることを願うようにしているのである。神様に何かお願いするのではなく、自分が知恵を授かって動くことで状況を変えていくのだと考えている。

こんなふうに考えるようになったのは、かつて事業で大失敗し、借金を背負って先の見えない状況に陥った経験からである。どん底の中で中村天風（戦後の思想家）の本に出会い、この世の中には普遍的な法則があり、その法則に従うことで運命を切り拓けるのだと確信した。

運を引き寄せるも遠ざけるも、自分次第

現代社会は情報があふれ、選択肢が多岐にわたるため、なかなか行動を起こせない人が少なくない。しかし、そんな受け身の姿勢では本当の意味で運に恵まれることはない。

運は偶然ではなく、意志を持って行動する者に必然的にもたらされるものだと考えている。まるで磁石が鉄を引き寄せるように、運も積極的に動く人のもとに集まってくるのである。

もちろん、チャレンジにはリスクが伴う。しかし、失敗を恐れて行動を避けていては何も得られない。むしろ失敗から得られる経験こそが、真の運を引き寄せる大きな力になる。

経営でも同じことがいえる。お客さんのニーズ調査やマーケティングに振り回されるのではなく、自分が本気で良いと信じたものを作ることが何より大切だと、強く信じること。そうすれば、同じ志を持つ人たちが自然と集まり、新しいネットワークが生まれていく。そこに素晴らしい出会いと学びがあるはずだ。

そして何より大切なのは、常にポジティブな心を保つこと。前向きな気持ちでいれば、

どんな困難にも立ち向かえるし、良い結果を引き寄せられる。

運が良い人は、プラス思考の人としか付き合わないという原則があるそうだ。人から信頼され、応援されるような人間になることが運を呼び込む秘訣なのかもしれない。

運を引き寄せるも遠ざけるも、すべては自分次第。受け身の姿勢を改め、能動的に動いていく。壁にぶつかっても、乗り越える努力を惜しまない。常に学び、成長し続ける。そんな志高き挑戦者であり続けることが、人生に幸運を呼び込む最高の方法論だと、私は心から信じている。

一生懸命に道楽したものが勝つ。

「おもしろき　こともなき世を　おもしろく　すみなすものは　心なりけり」

幕末の志士、高杉晋作が残したこの言葉は、いつの時代も色あせることなく、私たちに大切なことを教えてくれる。つまらない世の中を面白くするのは、誰か特別な人間でも、恵まれた環境でもなく、自分の心、ただそれだけ。自分の心が動けば、世界は輝きを増し、人生は劇的に変化する。そして、その心のエンジンとなるのが、「道楽」なのである。

道楽とは、ありきたりな日常に彩りを添える単なる趣味や遊びではない。自分の好きなこと、情熱を燃やせるものに、時間と労力を惜しみなく注ぎ込むこと。それは、周囲の目など気にせず、ただひたすらに「好き」という気持ちに正直に生きる、そんな生き方そのものといえるだろう。

例えば、私の友人に建設業を営む男がいる。彼は仕事熱心で、徹夜が続くこともしばしば。しかしどんなに疲れていても、彼は毎朝ゴルフの練習場に向かい、３００球ものボールを打ち込む。

また仕事の時間以外にはゴルフ雑誌を読みあさり、新しいクラブについて調べ、ゴルフコースの戦略を練っている。寝ても覚めてもゴルフのことばかり考えている彼の姿は、まさに「好きこそ物の上手なれ」ということわざを体現しているかのよう。彼のゴルフへの情熱はまさに「道楽」と呼ぶにふさわしいだろう。

仕事は人生の大道楽

このように、自分の好きなことに没頭し情熱を燃やし続ける人は、ほかの誰にも負けない強さや魅力を備えている。彼らは、苦行とも思える努力を、努力とも感じることなく、楽しみながら、成長し続けられるからだ。

だから私は、マニアやオタクと呼ばれる人たちが大好きだ。彼らは周囲の評価を気にすることなく、自分の「好き」に正直に生きている、人生の達人だからだ。私だって空手、パワーリフティング、釣り、そして仕事のオタクである。

道楽は、単に人生を豊かにするだけでなく、仕事や人間関係など人生のあらゆる場面に好影響をもたらす。好きなことに熱中することで得られる知識や経験は、ほかの分野にも応用できる知恵へと昇華し、新たな可能性を切り拓く力となる。

ガードナーの方針は「仕事は人生の大道楽」。どんな仕事も見方を変えれば、面白くやりがいのあるものに変えられる。そして、その「面白さ」を見つけるためには、子どもの頃からの「道楽」、つまり「夢中になれるもの」が重要になる。

もし、自分自身のなかに道楽が何もないのなら、子どもの頃に、時間を忘れて熱中した遊び、夢中になって取り組んだ趣味を思い出してみるといいかもしれない。子どもの頃に夢中になった遊びは、大人になっても色あせることなく、私たちの中に息づいているはずだ。

また、日常生活のなかで心惹かれるものを見つけたら、迷わず手に取ってみよう。それは、人生を大きく変える冒険の始まりとなるかもしれない。

つらければ、つらいほど、大きな運がやってくる。

つらいつらい時期が3年ほど続いたことがある。2016年にガードナーを創業し、服を着たまま頭を洗える「ルームシャンプー」という商品を開発・製造するために大借金を抱えたときのこと。

開発したきっかけは、がんで入院していた父が「頭が洗えないのがつらい」と嘆いていたことだった。その後、父は亡くなってしまい、「もっとしっかり頭を洗ってあげればよかった」と後悔した私は、シャンプーが簡単にできるマシンを作ろうと思い立ったのである。

失敗と改良を何百回も繰り返し、いろいろな人に助けられながら、ようやく納得のいく機器を完成させた。それを福祉の展示会に出展するやいなや、全国のメディアから取材を受け、問い合わせが殺到した。ところが、販売数は思うように伸びず、やがて資金繰りに窮することになった。

個人で3500万円、法人で1億5000万円、合わせて1億8500万円という借金。しかも、売上はわずかしかないのに、返済と固定費が毎月400万円必要なのである。地獄のような経営状況で、どうしていいか分からなくなっていた。

悪いことだけが長く続くことはない

そんなとき、食欲がなく、眠れない日々が続き、ついには身体に不調が訪れた。何か病気にかかっていたわけではなかったのだが、下半身に感覚がなくなった。男性自身に元気がないとか、そんなレベルじゃない。下半身にまったく感覚がなく足を叩いても痛くないのである。

病院に行ったら、心療内科に行くように言われた。行ったがあまりの人の多さに嫌になり、また、薬漬けにされてしまうような怖さを感じて、予約をキャンセルした。

そういうときに限って借金取りが来る。借金生活の最後のほうはまともな金融機関からは借りられなくなっていたから、闇金のようなところからも借りていた。だから自宅に半グレのような借金取りがやってきたこともある。あれも非常につらかった。

眠れない夜がずっと続いた。なんとか打開策を考えなければならない、しかし何をしていいか分からない。わらにもすがる思いで霊媒師に相談し、言われるがままに変な修行をし、早朝からゴミ拾いをしたりもした。朝4時に起きて車の中で1人お経を読むうちに、絶望と悲しみがこみ上げてきて「助けて神様！」と泣きながら絶叫したこともあった。相当追い込まれていた。しかしそれも、今となってはいい思い出。

何をしていいか分からない。家族も社員もいるけれど孤独でたまらない。そんな状況でもなぜか不思議と、諦めることだけはしなかった。

ダメなときほど運はたまる

あのとき、妻に「悪いことは続かない。必ず良い方向に持ち直すよ」と言われ、私は「何を能天気なことを言ってるんだ」としか思えなかった。前向きにはとらえられなかったのである。しかし実際には、どん底まで下がったことで、そこから運気が徐々に上がっていった。

これは宇宙の法則の一つではないかと思う。振り子を引っ張ると重力により下方向に引き戻され、いちばん下を通過して反対方向に上がっていく。こうして振り子が左右にゆれるように、人生でも、困難な時期と上昇する時期は交互に訪れると考えている。振り子を強く引けば引くほど大きくゆれるように、つらいことが大きければ大きいほど、その後の幸運もまた大きくなる。運というのは、そういう性質なのだと思う。

奇跡が起き、大回復を果たす

さて、実際に借金問題をどのように解決したのか。ありとあらゆる手を尽くし、もがき苦しんでいるとき、奇跡が起こった。私たちの会社の理念に共感してくれたある代理店の社長が、5000万円の資金提供を申し出てくれたのである。貸すとか、出資するとかではなく、「あげる」と言ってくれた。それとは別にあと5000万円貸してくれた。

「えっ、どういうこと……？　あ、ありがとうございます!!!」。驚きと感謝の気持ちで頭の中がいっぱいになった。この方は今、チームガードナーを陰で支える立役者の一人となっている。「事実は小説よりも奇なり」とは、まさにこのことだろう。

この奇跡的な出会いを機に、2019年、私たちは大きな決断をする。ルームシャンプーの販売から全面撤退し、新たな事業に挑戦することを決意したのである。そして、その後、開発した「ガードナーベルト」が大ヒット商品となり、会社は復活を果たせた。

かつて釣り具開発に携わっていた頃に培った「ものづくり」のノウハウこそが、私の最大の武器。長年空手をやってきた経験からも言えるが、「得意技」を持つことは非常に重要である。つらい時期にあっても、ものづくりという得意技を磨き続けてきたことで、大逆転を果たせたのだと思っている。

こうした経験から、「つらいときのあとには、必ずいいことが巡ってくる」、これを本当に信じている。誰にとっても不運と幸運は50対50の割合でもたらされるのだと思う。今「つらい」と嘆いている人には、このことを知ってほしい。そして、どんなにどん底の状態であっても日はまた昇ると思ってほしい。

困難や逆境のなかにいるときこそが飛躍のチャンス。だから、周りの人が逃げても自分は逃げてはいけない。どんなに強い逆風であろうと、敢然と向き合いそれを乗り越えていくことが大切なのである。

孤独を楽しむ境地に至れば、人は強くなる。

日頃から私は事業だけでなく、孤独を楽しんでいる。

1人でアイデアを考えたり、面白いことを思いついたりする時間を楽しいものと思うか、苦しいと思うか。1人が嫌だなって思ってやっていると、いいことは訪れない。

会社なら「みんなで一緒にやろうぜ！」という感じで盛り上がるのも楽しいが、そればかりでは成り立たない。孤独を楽しめる人間が集まったときに、個々の力が合わさってすごい集団になると考えている。

孤独感って、意外と楽しいもの。元旦から仕事をしているときなんて、大きな孤独感を覚える。世の中が休んでいるのに、自分だけが働いているような気になる。しかしそんなときに「なんで俺、元旦から仕事をしてるんだろう……楽しい！」って思えるかどうか。思えれば、孤独を楽しみ、人生を楽しめる。

苦を楽しむの境涯に生きる

私はつらく苦しい時期に、私の好きな中村天風の本と出会い、救いを求めてむさぼるように約40冊を読んだ。そして世の中の真理と事実を信じ、高潔なる理想を心に抱くことだけに努めようとした。その中村天風の言葉にこんなものがある。

「どんな場合にも、たとえば、身に病があろうが、なかろうが、運命が良かろうが、悪かろうが、どうあろうが、こうあろうが、その他の人生事情のいかんにかかわらず、いつも一切に対して、その心の力で、苦を楽しむの境涯に活きる活き方をするにあり。これが第一義的の活き方なのである」

「苦を楽しむの境涯に生きる」、これこそが最上の生き方だと思う。独身のときはハワイですごい貧乏を経験したし、結婚して子どもが大きくなってから大借金を背負った。それでも立ち直れた。そうしたら、あとはどうにでも生きていける。

あの苦しかった3年間は、私個人にとっても、会社にとっても、決して無駄な時間ではなかった。むしろ今のガードナー株式会社があるのは、あの3年間があったからこそだと、心から感謝している。

笑えば笑うほど人生はうまくいく。

「笑う門には福来る」ということわざがあるように、「笑えば笑うほど人生はうまくいく」というのは、もはや万国共通の真理といえるだろう。

世の中を見渡してみると、8割方の人は、何らかの悩みや不満を抱えながら生きているように感じる。そして、興味深いことに、その8割の人々に共通しているのは、あまり笑っていないということ。口角が下がり、眉間にしわを寄せ、どこか疲れたような表情をしている。もしかしたら、笑っていないから、人生がうまくいかないのかもしれない。

年齢を重ねると、「もう年だから」と、新しいことや楽しいことから距離を置く人がいる。しかし、それは大きな間違いだ。「年を取ったから楽しめない」のではなく、「楽しんでいないから年を取ったように見える」のではないだろうか。

よく笑う人は魅力的

これは年齢に限った話ではない。例えば、「仕事が忙しいから」「子育てに追われているから」と、笑顔を忘れてしまう人もいる。しかし、どんなに忙しくても、どんなに大変な状況でも、笑顔を忘れずにいることはできる。それこそが人生を豊かにする秘訣なのだと考える。

私自身、65歳という年齢だが、「若いですね」と褒められることがよくある。頭の中はまるで子犬のように、いつもワクワクと楽しいことでいっぱいだ。もちろん、年齢を重ねたことによる体の変化は実感しているが、心はいつまでも若々しくいたいと思っている。

周囲を見回してみると、「年を取ったな」と感じさせる人ほど、笑っていないように思う。反対に、いつも笑顔を絶やさず、楽しそうに過ごしている人は、年齢を感じさせない魅力的な雰囲気をまとっている。

笑顔には、不思議な力がある。男性も女性も、笑顔がすてきな人には、自然と心が惹かれるものだ。初対面の人でも、笑顔で接してくれると、安心感や親近感を抱く。

笑顔は、周りの人々を幸せにするだけでなく、自分自身の心にもプラスの影響を与える。笑顔でいると、気分が明るくなり、ストレスを軽減する効果もある。また、笑顔は周囲の人々とのコミュニケーションを円滑にし、良好な人間関係を築くためにも役立つ。笑顔は、まさに人生を豊かにする魔法のアイテムといえる。

笑顔で世間話も大事な仕事

どのようにすれば、日頃から笑顔でいられるのか？　私が実践しているのは、「鏡に向かって笑顔を作る」というシンプルな方法だ。毎朝、顔を洗ったあと、鏡の中の自分に笑顔を向けてみよう。最初はぎこちなく感じたり、恥ずかしく思えたりするかもしれないが、毎日続けることで、自然と笑顔が顔に浮かぶようになる。

また、「笑いヨガ」もおすすめ。笑いヨガとは、文字どおり「笑い」を取り入れたヨガのこと。無理にでも笑うことで、心身にさまざまな効果をもたらす。面白いことに、たとえ作り笑いから始まったとしても、次第に自然な笑顔になっていくことが多いそうだ。

会社でも、社員が笑顔で働けるような環境づくりを心がけている。例えば、コミュニケーションを活性化するために、雑談や世間話を推奨している。「仕事中に無駄話なんて……」と考える人もいるかもしれないが、世間話を通してお互いの人となりを知ることは、円滑なコミュニケーションを生み出すうえで非常に大切だ。世間話からこそ仕事のアイデアが生まれるともいえる。もちろん、ダラダラと長話になってしまわないよう、バランスは意識するように伝えている。

笑顔は、自分自身だけでなく、周囲の人々にも幸せを運ぶ、魔法の力を持っている。

「こんなに自由に生きていいんだ！」と自分に許可を出す。

「自由」という言葉に、心を躍らせない人はいないだろう。誰もが心のどこかで、自由を渇望し、自由でありたいと願っているよね。

しかし、現実はどうだろうか？　休みの日にも仕事のことが頭をよぎり、「こんなことをしていていいのだろうか」と罪悪感に苛まれる。せっかくの旅行中も、仕事のメールやら今月の支払いが気になって仕方がない。そんなこともあるかもしれない。それは、本当に「自由」を感じられていない証拠だ。

現代社会において、「真の自由」を手に入れることは、容易ではない。私たちは、目に見えないさまざまなものに縛られ、心の底から解放されていないのかもしれない。

その理由の一つは、「自由になる」という許可を、自分自身に与えていないことかもしれない。せっかくの休みなのだから、ほかのことを忘れて徹底的に楽しみ尽くさないとダメ。そのためには、「今日は自由だ」という許可を自分自身に与え、今この瞬間を楽しみ尽くす覚悟が必要である。

「自由」になると、心がニュートラルになる。つまり、心が解き放たれ、本当にリラックスしている状態である。そうすると、どんどん新しいアイデアが浮かんでくる。今取り組んでいることがさらに楽しくなる。

大切なのは、「オンとオフ」を分けないこと。「仕事は仕事」「休日は休日」と割り切ってしまうのではなく、どちらも「楽しい！」と思えるくらい、徹底的に追求してみる。

もちろん、すぐにそう思えるようにはならないかもしれない。しかし、少しずつ自分を自由にしていき、自分を許してあげることで、「オンとオフ」の境目は自然と曖昧になっていくはずだ。そうすればきっと、毎日がもっと楽しく「自由」を感じられるようになるだろう。

幸せな会社が、成功し、儲かる。

「幸せな会社」って、どんな会社だと思うだろうか？　それはズバリ、「社員が幸せな会社」だ。社員が「この会社に来てよかった！」と心から思える会社である。

例えば、月曜日の朝、時計を見て「もう月曜日か……」と憂鬱《ゆううつ》になる。そんな気持ちで出社する会社は、幸せな会社とは言えない。

反対に、「よっしゃ、今日も頑張るぞ！」と、ワクワクしながら出社したくなる会社。「早く会社に行きたい！」「仕事が楽しくて、帰りたくない！」、そう思える会社こそが、まさに「幸せな会社」であり、社員にとっても最高の居場所となるはずである。

才能と情熱を最大限に発揮できる環境をつくる

では、どうすればそんな会社を作れるのか？　それは、社員一人ひとりが「好き勝手に仕事をする」ことを許すことである。

「え？　好き勝手になんて、会社がめちゃくちゃになってしまうのでは？」、そう思うかもしれない。しかし、本当にそうだろうか？

もちろん好き勝手とはいっても、周りの迷惑を顧みない行動をしろと言っているのではない。私が伝えたいのは「自分の頭で考え、自分の意志で行動しなさい」ということである。

社員一人ひとりが、自分の才能と情熱を最大限に発揮できる環境を作る。そうすれば、会社には自然と活気が生まれ、新しいアイデアやビジネスが次々と生まれてくるはずである。

「ビジネスを通して社会に貢献したい」、それは確かに大切なことだ。社員だって、自分の仕事が世の中の役に立っていると実感できたとき、大きな喜びと心の底からの充実感を得られるはずだ。とはいえ、それだけでは難しいのも事実である。

私が開発した「ルームシャンプー」は社会の役に立つ商品であることは間違いなかったし、周囲からも高く評価された。テレビ東京の「ワールドビジネスサテライト」でも紹介され、大きな反響を呼んだ。

しかし心のどこかで私は、「本当に自分がやりたいことはこれではない」と感じていたのである。周囲からは「すごい」「素晴らしい」と称賛されながらも、自分自身が心から楽しんでいないことに気づいたのである。

そこで私は大きな決断をした。会社の主力商品であった「ルームシャンプー」の販売を一切やめてしまったのである。そして、自分が本当にワクワクする事業に全力を注ぎ込むことにしたのだ。

それが腰痛ベルト「ガードナーベルト」との出会いだった。ハワイで見かけたあの医療用ベルトを、もっと多くの人に届けたい。その一心で、開発に没頭した。

結果は大成功。「ガードナーベルト」は大ヒット商品となり、会社は大きく成長した。そして、何よりうれしかったのは、社員全員がいきいきと、本当に幸せそうに働いている姿を見られたことだ。

「自分が本当にやりたいことをやる」、それは、一見、わがままなように思えるかもしれない。しかし、私は確信している。社員一人ひとりが、自分の才能と情熱を最大限に発揮できる会社こそが、真の意味で「幸せな会社」となり、そして社会に貢献できる会社へと成長していくのだと。

ビジネスの教科書はすべて破り捨て、革命を起こす！

15年か20年ぐらい前まで、かなりの数のビジネス書を読んでいた。たくさん読んでいた頃は、2年で300冊読んだ覚えがある。そこで分かったことは、ビジネス書にはあやしい内容のモノが多いということだ。

本を読んで「この人はすごい！」と感動して、著者が開催しているセミナーや勉強会などに参加して本人に会ったことも何度かある。そこで驚いたのは、すごいと思っていた著者が、実は自分の体験ではなく、他人の体験を書いていたことだ。

著者に質問をいろいろと投げかけてみても、なかなかスッキリする答えが返ってこない。だからおかしいなと思ってよくよく聞いてみたら、どっかから持ってきた文章を書いていたみたい。つまり、過去の名著と呼ばれるようなビジネス書を、薄めて焼き直したようにして原稿を書いていた。悪く言えば、コピペで原稿を書いていたということである。

ビジネス書作家もコンサルタントもアテにならない

ビジネス書は、何らかのコンサルタントが書いていることもよくある。そんなコンサルタントに話を聞きに行ったこともあるが、話はうまいものの経営のプロではないという印象を抱いた。自分のコンサルティング会社が儲けるためのパンフレットとしてビジネス書を作っている。そういうケースが非常に多いのである。

ビジネス書から得られる情報は、あくまでも参考情報としてとらえるべきである。時代は常に変化しており、過去の成功体験が必ずしも現代に通用するとは限らない。

では、迷える経営者は何を指針にすればいいのか。それはやはり自分自身である。自分を見つめて、将来の姿を想像する。本気でやりたいことは何なのかと、自分に問いかける。その答えがはっきりすれば、ビジョンが自然と定まる。ビジョンが定まれば、情熱が湧き、自然とその方向に進んでいく。情熱を持ってビジネスに取り組めば、周りの共感を呼ぶ。人が周りに集まってきたり、お客さんが来たり、支援してくれる人が現れたりする。

ニッチな商品で革命を起こせる時代

そのときに大事なのは、マスではなくニッチで勝負することだ。大手メーカーはいずれも、マスを対象に、万人に愛されるような商品を作り、ブランドを作ってきた。それらは確かに、今は受けている。でも面白くない。

化粧品にしても電気製品にしても、誰もが欲しがるような製品ではなく、自分のこだわりに徹底的に寄り添ってくれる独自性のあるブランドが求められていくと思う。今まで大きな市場があって、大手が取り合いしていた。その取り合いにマスコミを利用できた。

しかし今は、テレビを見ない人が増えて、大衆に対して認知させる方法は失われつつある。だから消費者の個々の趣味嗜好に合わせたニッチな商品が求められる。そういう仕組みになっていくと私は思っている。それができれば、革命を起こせると思う。

今までのビジネス書にはそんなことは書いていない。現在は時代の転換期にあり、ちょっと前のビジネス書も参考にならなくなりつつある。だからこそ、ビジネス書は破り捨てたほうがいいのである。ビジネス書やコンサルタントに頼るのではなく、自分自身の経験や直感を信じて、主体的に行動しよう。

カッコよさとは、ギャップがあること。

カッコよさとは、イケメンや美女や身体の美しさ、頭の良さのことではない。カッコよさとは、ギャップがあることを言う。

「え？　あの人があんなことをしている」。かっこいい。

「え？　あんな服を着ている人がこんなことをしている」。かっこいい。

「え？　あんな立場の人が、ゴミ拾いをしている」。かっこいい。

「え？　弱々しいあの男が、実は強かった」。かっこいい。

「え？　あの汚い服でトレーニングしていた人が、スーツで決めて出てきた」。かっこいい。

身分の高い人が率先してゴミ拾いをしたり、普段は地味な人が肝心なときにキリッと決めた服装で現れたり、弱そうに見えた人が実は強かったり。そんなギャップのある姿にこそ、人は心を打たれるものである。

つまり、カッコよさの本質とは外見ではなく内面にあるのだ。自分の使命や志をしっかり持ちながら、周りの期待を超える行動を取る。それが本当の意味でのカッコよさだと私は信じている。

時代や流行に流されるのではなく、自分の信念に基づいて行動する勇気。そして、その行動によって人々を感動させる力。それこそが、私たちビジネスパーソンに求められているカッコよさなのかもしれない。

「売れ筋の商品を売ろう」では、売れないし幸せになれない。

商品開発をするとき、「いま市場で売れている商品があるから、似たようなものを作ろう」と考えて商品を開発しても、売れない。売れないどころか、作っている本人自体が面白くない。

だから私たちは、いま市場にないまったく新しい製品の開発を目指す。人真似をし、どこかの二番煎じの商品を作るのではなく、世の中にないものを作る。しかもそれは、自分たちが本当に欲しいと思える商品である。しかもそこに情熱を注ぐことで、お客さんに喜んでもらえる商品が生まれるのだ。

自社商品の偽物が出ることは喜ばしい

ただし、いくら良い商品でも、世に出れば必ず偽物が現れるもの。ガードナーの大ヒット商品である「ガードナーベルト」も例外ではない。検索したら１８０種類もの偽物が見つかった。

そして彼らは皆、本物である当社の製品より安く売っていた。品質で勝負する本物には、絶対に勝てないから、安さで勝負するしかないんだ。画期的で新しい商品が出てきたら、その後、偽物・まがい物が本物よりも安い価格で大量に登場する。これは世の中の摂理である。

しかしその偽物が、本物を超えることはない。どの安い商品も例外なく売れない。これは当社のガードナーベルトだけに限ったことではなく、どのジャンルの商品でも同じである。ヒット商品とその後追い商品を比べて、後追い商品がうまくいった試しはない。

だからこそ、私は偽物が出てきたときに安心した。安心したどころか喜んでいる。私たちの商品は本当に価値があると証明してくれるからだ。それに、彼らは市場を広げてくれる。おそらく、私たちだけが健康ベルトを取り扱っていたのでは、今の売上は実現できていないと思う。ガードナーの売上は今期27億円。偽物がたくさん出て、市場を広げてくれたおかげである。

お金を動機にするビジネスはうまくいかない

偽物を作る会社の目的は、お金儲けだけである。「今のヒット商品と似たような商品を作れば、ヒット商品のおこぼれにあずかって稼げるだろう。安い価格で売れば、本物よりも売れちゃうかも……」、そんな浅はかな思考でビジネスをしている。何とも悲しいよね。つまり、金のことしか考えていない。そんな彼らにパワーがあるはずがない。

それに対して私たちは、「どうやったらお客さんが喜んでくれるか」を考えて開発しているし、開発・販売したあとも「もっといい製品にするにはどうすればいいか」と常にブラッシュアップしている。

お金が欲しいというのは、ビジネスに取り組む最初の動機付けとしてはいいかもしれない。しかし、それで実際にお金が入ったとしても、お金だけが目的だと情熱が続かない。今の製品の悪いところを直して良くしていこうともまったく思わないだろう。ブラッシュアップにお金を使おうなんてことも思わないだろう。何よりも、ビジネスで誰かの役に立っているという実感もないから、楽しくない。その会社の社員は幸せじゃないはずだ。幸せじゃない会社がうまくいくとは思えない。

偽物メーカーのなかでは、こんな会話が繰り広げられているのかもしれない。社長が「この商品、最近売れているみたいだから、うちの会社でも作るぞ」と。社員は「社長がまた言っているよ。よその真似してばかりだなうちの会社は……」といった感じ。そんな会社でより良い製品ができるはずがない。

そんな偽物の会社がいるからこそ、ガードナーのような本物の会社が引き立つのも事実。だからどんどん偽物会社が増えてほしい。

「好き」を仕事にしていい。ただし、儲けなくてはならない。

「好きなことを仕事にできたら……」、誰もが一度はそんなふうに夢見たことがあるのではないだろうか？　しかし、現実はそう甘くない。「好きなことだけでは、食べていけない」「趣味を仕事にするなんて、夢物語だ」。そんなふうに、諦めてしまう人も多いだろう。

それでも私は声を大にして言いたい。「好き」を仕事にすることは、決して夢物語ではない！　むしろ、「好き」こそ、最強の武器になり得るのだ。なぜなら、「好き」という気持ちは、私たちに計り知れないパワーとモチベーションを与えてくれるからである。

「好き」だからこそ成功へ近づく

好きなことに没頭しているとき、私たちは時間を忘れて、努力すらも楽しみに感じられる。イチロー選手や大谷翔平選手も、自分の「好き」を極めることで、世界で活躍するトップアスリートへと上り詰めた。将棋の藤井聡太さんも、「好き」だったからこそ、前人未到の八冠を達成したといえる。彼らが人並み外れた努力を続けられたのは、決して「やらされている」のではなく、「好き」という純粋な気持ちに突き動かされていたからにほかならない。

私も同じである。空手を45年やってきたが、「頑張ろう」とは一度も思わなかった。「頑張ろう」なんて感覚では、あんなに苦しい稽古に耐えられない。好きで好きでたまらないから続けてこられたのだと思う。

ビジネスの世界でも同じことが言える。自分の「好き」を仕事にすることで、私たちは努力と感じることなく高いパフォーマンスを発揮し、成功へと近づいていけるのだ。

提供した価値が儲けになる

しかし、「好き」を追求して仕事にしようとするときに、必ず意識しなければならないことがある。それは、「儲け」を出すことも考えなければならないということだ。「好きなことで、生きていけるようになりたい」「自分の好きなことで、周りの人を幸せにしたい」、そんな純粋な思いを実現するためにも、「儲け」は必要不可欠だ。

「儲け」というと、汚いもの、悪いもの、ととらえる人もいるかもしれない。しかし本来「儲け」とは、「お客さんに喜んでいただけた証し」であり、「自分が提供した価値に対する対価」なのである。つまり、

儲け（利益）＝付加価値＝人に与えた喜び

この式を常に意識することが大切である。もし趣味を仕事にしたいと考えているなら、まずは「誰に、どんな価値を提供し、喜んでもらうのか」を明確にする必要がある。自分の「好き」だけを追求するのではなく、お客さんのニーズをとらえ、喜んでもらえるビジネスモデルを構築することが、「好き」を仕事にするための第一歩となる。

価格競争はもう古い。価値競争の時代だ。

多くのビジネス書やセミナーでは、「価格競争に勝つためには、いかにコストを削減するかが重要だ」と説いている。しかし、私は断言する。「価格競争」は、愚者の戦略であると。なぜなら、価格競争に陥ってしまうと利益が圧迫され、商品・サービスの質が落ち、顧客離れを招いてしまうからである。そして最終的にはビジネスが継続できなくなる。

ではどうすれば、価格競争に巻き込まれずに、ビジネスを成功させることができるのか？その答えは「顧客を感動させること」。顧客の期待を上回る、質の高いサービスや商品を提供することで、顧客を「ファン」化し、価格以上の価値を感じてもらうのである。

顧客を感動させるためには、「まず、自分が心から感動すること」が重要だ。自分の「好き」を追求し、妥協することなく、最高のサービスや商品を生み出す。その情熱こそが、お客さんの期待を超える付加価値の提供につながり、感動を生み出す源泉となる。

「価格」よりも「価値」で勝負する高単価戦略

顧客を感動させる商品・サービスができれば、顧客は喜んで高額な対価を支払ってくれるだろう。例えば、東京にある「WAGYUMAFIA」というお店では、1個10万円のカツサンドが販売され、人気を博しているそうだ。私が先日訪れたニューヨークで人気のベーグル専門店では、スモークサーモンやキャビアを使ったベーグルが販売されており、その店ではキャビアが1缶80万円という高価格で販売されていた。しかも、それが当たり前のように売れている事実を目の当たりにして、たいへん驚いた。当社のガードナーベルトも、中国製の類似製品の5倍高いにもかかわらず、類似製品より売れている。

これらの例は、ニッチな商品やサービスに適切な価値を付加することで、高価格でも顧客に受け入れられることを証明している。インターネットの普及により、情報収集や商品比較が容易になった現代において、顧客は価格だけで商品を選ぶことは少なくなった。むしろ、商品の背景にあるストーリーや、作り手の思いに共感・感動し、価格以上の価値を見いだし、購買意欲を高めているのである。

お客さんの要望どおりに商品を開発しても、売れない。

商品開発において最も大切なのは、自分自身が心から欲しいと思えるものを作ることである。たとえ周りから「これは売れる」と言われても、自分の思いが込められていなければ、結局は失敗に終わるだろう。

私が最初に起こした会社は、釣り具メーカーのギアラボだった。そのギアラボでは、お客さんから「こんな商品を作ってほしい」といった要望をよくもらった。例えば、「重さを自在に調節できる重りがあったらいい」と言われた。1人ではなく何人もの方から求められたので、「これはニーズがあるかもしれない」と思って作ったのだが、結果は売れなかった。

また、ある時は釣り具のあるジャンルが大ブームになり、周りから「これは面白い。ぜひやろう」と誘われたこともある。あまり気は進まなかったのだが、儲かりそうだということで渋々やってみた。これも全然売れず、長期のデッドストックになってしまい、大変な思いをした。

こうした経験から学んだのは、儲けだけを追求してもうまくいかないということだ。大切なのは、商品に対する開発者の熱量なのである。「自分は欲しくないけれど、お客さんは喜ぶはず」という発想では、絶対に失敗する。

最高の商品は、作り手自身が心の底から「これは欲しい！」と思えるものでなくてはならない。自分の思いと情熱を注ぎ込んだ商品こそが、お客さんの共感を呼び、長く愛されるブランドになっていくのである。だからこそ、私は「こんなのを作ってください」と頼まれても、自分が本当に良いと思えない商品は作らないことにしている。

お客さんの声に耳を傾けつつも、自社の理念や価値観を大切にする。そして、自分たちが心から誇れる最高の製品を生み出していく。それが、メーカーとしての矜持《きょうじ》であり、使命だと考えている。

消費者に聞くのではなく、消費者を観察せよ。

「世の中にないものを開発して創り出す」、これは私の方針の一つである。しかし、何も考えずに新しいものを作ればいいというわけではない。重要なのは、「自分自身が欲しいもの」を作ることだ。

多くの経営者が、アンケートや市場分析、マーケティング論に頼ろうとする。「消費者の声を聞く」「時代のニーズをとらえる」という言葉は、確かに正論のように聞こえる。しかし、本当に人の心を打つ商品を生み出すには、もっと根本的な部分に目を向ける必要があるのではないだろうか。

「楽しさ」こそが、周囲の人を巻き込む

私は、自分が心から「欲しい！」と思えるものだけを世に送り出したいと考えている。

なぜなら、私と同じようにそれを求めている人が必ずいるはずだと信じているからだ。共感や感動は、言葉やデータではなく、心から生まれるものなのである。

もちろん、「自分自身が欲しいもの」だけを作るという考え方が、常に大きな市場を生み出すとは限らない。時には、「マグロ突き用の特殊なモリ」のように、ごく限られた人にしか需要がない商品を開発してしまうこともある（笑）。しかし、たとえニッチな商品であっても、開発の過程で得られる経験や知識は、必ず将来の糧になると信じている。

それでも、自分が「面白い」「楽しい」と思える商品開発に妥協はない。むしろ、その「楽しさ」こそが、周囲の人を巻き込み、さらに大きなエネルギーを生み出す原動力になるのである。社員が心から商品開発を楽しんでいれば、その熱意は必ず顧客にも伝わるはずだ。

商品は観察から生まれる

商品開発において大切なのは、常に世の中の動きを肌で感じながら、自分自身の「欲しい」という気持ちに正直であること。そして、その「欲しい」という気持ちを形にするために、妥協することなく、楽しみながら、情熱を注ぎ続けることなのである。

「主婦の商品を作るなら、主婦に聞け」、こんな言葉をある通販コンサルタントが発していたが、大きな間違いだと思う。主婦に聞いても、本当に欲しいものは生まれない。なぜなら、彼女たちの頭の中にあるのは、まだ言葉になっていない「潜在意識」だからである。「これが欲しい」と明確に言葉にできる段階では、すでに市場に似たような商品が出回っている可能性が高いのだ。

重要なのは、主婦に聞くことではなく、観察することである。彼女たちがスーパーでどんな商品を手に取っているのか、どんな会話をしているのか、どんなことに興味を示しているのか。そんな観察から彼女たちの潜在的なニーズが見えてくるかもしれない。日常の何気ない風景の中にこそ、宝物は隠されているのだ。

コロナ禍では、多くの人がリモートワークに移行した。そこで私は、「自宅でのパソコン作業が増えれば、腰痛に悩む人が増えるだろう」と予想した。これは、市場調査の結果ではない。長年、人々の生活を観察し、想像力を働かせてきたからこそ生まれた予測である。そして、いち早くガードナーベルトを大量発注したのだ。

結果は大成功。予想どおり、腰痛に悩む人が増え、ガードナーベルトは大ヒット商品となった。さらに現在は、腰痛を抱えながらトレーニングに励む人たちのために、「フィットネスベルト」の開発にも力を入れている。これは、既存の「腰痛ベルト」の市場ではなく、「トレーニング」という新たな視点を加えることで生まれた商品である。

このように、商品開発で成功するためには、市場調査ではなく観察力と想像力が重要になる。常にアンテナを張り巡らせ、世の中の動きをとらえ、そこから未来を予測する。そして、自分自身の「欲しい」という感覚を信じて、商品開発を進めていくことが大切だ。

効率の追求で右肩上がりに成長できた時代は終わった。

「効率」「合理化」「能率」。かつて、日本はこれらの言葉を合い言葉に、右肩上がりの成長を遂げてきた。長時間労働もいとわず、1日あたりの生産量を増やすことが美徳とされ、企業はこぞって効率化を追求した。

昭和の時代、物が不足していた時代には、この戦略は確かに有効だった。良いものを作って効率的に大量生産すれば、物が飛ぶように売れた時代だったのである。生産量をそれまでよりも10%、15%、20%へと、少しでも上げることが、企業の成長に直結していた。

しかし、時代は変わった。インターネットの普及により、仕事のスピードは劇的に加速し、効率化はもはや当たり前の時代となっている。メールやテレビ会議を使い、瞬時に情報伝達や意思決定が行われる現代において、かつてのような「時間さえかければ」という発想は通用しなくなった。

もちろん、工場など現場における作業効率の追求は重要である。それは絶え間なく続ける必要があるだろう。しかし、現代のように物があふれている時代、効率化だけを追求しても、ユーザーの心を打つ商品を生み出すことはできない。

皮肉なことに、政府が進めている「働き方改革」でも、この古い発想から抜け出せていないように感じる。長時間労働を是正しようという流れ自体は素晴らしいものだ。しかし、多くの企業では、単に労働時間を減らすことばかりに目が行き、本当に大切な「仕事の質」や「内容」についての議論が置き去りになっている。

本来、働き方改革とは、単に労働時間を短縮することではなく、「どのように働けば、より質の高いアウトプットを生み出せるのか」「従業員が、より創造性を発揮し、いきいきと働くにはどうすればいいのか」といった、より本質的な問いと向き合うべきものなのである。

商売とは、相手のお財布にお金を入れるゲーム。

商売とは、サッカーのように、いかにして相手の財布にお金を入れるかというゲームである。相手というのは、お客さんであり、取引先であり、従業員・地域住民などのステークホルダーだ。お金を自分の財布に入れる、ではない。相手の財布に入れる、である。自陣のゴールにお金を入れてしまっては、オウンゴールで負けてしまうことになる。

Win-WinよりGive-Give

ビジネスでは、「Win-Win」の関係が理想とよく言われるが、私は「Give-Give」の関係を築くことが大切だと考える。まず、自分から相手に何かをして、喜んでもらう。この姿勢が商売の基本であり、それは人生や会社組織でも共通する重要な心構えである。

商売とは、お客さんにお金を出してもらい、商品やサービスを提供すること。したがって「お客さんの財布にお金を入れる」という表現は、矛盾しているように思える。しかし視点を変えてみると、「お客さんの財布にお金を入れる」状況も間違ってはいないといえる。

例えばビジネスにおいて、質の高い商品やサービス、そして的確なコンサルティングを提供することで、顧客の事業成長、ひいては収益向上に貢献できれば、それは「お客さんの財布にお金が入る」ことになり、間接的に貢献したととらえられる。

また生活の質、心の豊かさを向上させる商品やサービスを提供することも、「お客さんの財布にお金を入れる」行為といえるだろう。例えば、高品質な食材宅配サービスや、心を癒やす旅行プランなどは、顧客の人生を豊かにし、間接的に「心の豊かさ」という形で「財布にお金を入れる」ことにつながると考えられる。

価格交渉では一切値切らない

仕入れ先（外注先）との関係ではどうだろうか。仕入れ先から商品・サービスを購入して、代金を払う。だから、「相手の財布にお金を入れる」は当たり前のことといえる。ただ、ここで大切なことは、単にお金を払えばいいわけではない、ということだ。相手が豊かになるようなお金の払い方でなければならない。

しかし、現実には仕入れ先を軽視する企業は多い。仕入れ先は自社のビジネスを支えてくれる貴重なパートナーである。そんな仕入れ先が損をするような取引を続けていれば、いずれ自分たちに不利益が及ぶことになる。顧客、近隣住民、オフィスを清掃してくれるスタッフの方々など、あらゆるステークホルダーとの関係でも同様のことが言える。

もちろんビジネスである以上、時には互いにとって厳しい条件を提示しなければならない場面もあるだろう。しかし、相手の利益を顧みず、一方的に厳しい条件を押し付けるような企業には、明るい未来は期待できない。

先日も大手自動車メーカーが、下請け企業に対して部品の納入価格の大幅な引き下げを強要していたというニュースが報じられたが、恥ずかしいことだ。このような企業にはいずれ誰も協力しなくなるだろう。

当社では、取引先に価格を見積もってもらう際、「無理のない範囲で、最大限の価格を提示してください」と伝えるようにしている。そして、提示された金額に対して、値引き交渉は一切行わずに支払っている。

大阪など一部地域では、「値切るのが当たり前」という商習慣が根強く残っているが、実際には値切ることで損をしてしまうケースも少なくない。なぜなら、相手方は値切られることを見越して、最初に高めの価格を提示してくる可能性があるからである。

値引き交渉に時間と労力を費やすよりも、最初から「値引き交渉はしませんので、誠実な価格をご提示ください」と明確に伝えておくほうが、お互いにとって有益である。

取引相手に与えられるものには、お金だけではなく、感謝の思いもある。例えば私は、オフィスの改築をされている作業員さんや宅配配達員さんに、「いつもありがとうございます！」「本日もお元気そうで何よりです！」と、感謝の気持ちを込めた挨拶をしている。そうすれば相手も、きっと気持ちよく業務にあたってくれることだろう。こうした小さな積み重ねが、良好な人間関係を築き、ひいてはビジネスの成功へとつながっていくと考える。

商売において、そして人生でも、重要なのは「Give-Give」の精神である。まずは相手のために尽くし、揺るぎない信頼関係を築くこと。それが巡り巡って自分自身の成功と幸福につながっていく。

より多くの人を相手にする商売は、本当につまらない。

大量生産・大量販売という画一的なビジネスモデルは、もはや時代遅れである。たくさん作って安く売る、そんなやり方は大手企業が得意とするところだが、私から見れば本当につまらない。アイデアも知見も必要としない、没個性的なアプローチだと思う。

今の時代、モノやサービスはあふれかえっている。生活必需品ですら、供給過多の状態にあるといえるだろう。だからこそ、みんなが「良い」と思える万能な商品など、もはや存在しないのである。にもかかわらず、多くの企業がそのことに気づけていない。相変わらず、万人受けを狙った大量生産・大量販売に血道を上げているのである。

みんなが「良い」と思える商品などない

しかし、考えてみてほしい。そんなやり方で作られた商品が、果たして面白いものになるだろうか？　展示会に並ぶ大手企業の製品を見ても、新鮮味のかけらもない。それに比べて、小さな企業の出展ブースには、ワクワクするようなアイデアがいっぱいである。展示会に参加したら、ぜひ小さな企業のブースを見ることをおすすめする。

大企業と中小零細企業では、そもそもビジネスの前提条件が大きく異なる。資本力のある大手は、コストを度外視して大量生産・大量販売・広域展開ができる。しかし中小零細にそんなまねはできない。地域戦略一つ取ってみても、大手のように遠隔地までモノを運んで売るなんて無理な話なのだ。

だからこそ私は、ランチェスター戦略にのっとった「弱者の経営戦略」を貫いてきた。つまり、大手と同じ土俵で戦うのではなく、中小零細企業だからこそできる戦い方を選ぶ。薄利多売に走るのではなく、利幅を確保しながらニッチな市場を深耕する。そうすることで初めて、企業は「面白い」存在になれる。

自分の個性を発揮したいという人が増えている

そして今、時代は大きな転換点を迎えようとしている。大量生産・大量販売の時代は終わりを告げ、一人ひとりの「生きがい」が重視される社会へと移行しつつあるのだ。生きがいとは、「好きなこと」「得意なこと」「稼げること」「世の中が必要としていること」が重なり合ったもの。人生の目的そのものと言ってもいいだろう。

この潮流は、日本人の同調性とは真逆のベクトルを指し示している。周りと同じように生きることを良しとする日本社会。「みんなと一緒」であることに安心感を覚える日本人の心理。不思議だ。

でも、そんな人ばかりでないのも確かだ。みんなで通学し、みんなで就職し、みんなで定年退職する。そんな退屈な生き方から、人々は徐々に目覚め始めている。自分の幸せは、自分で見つけ、自分で選ぶのだと。周りに同調するのではなく、自分の個性をとことん発揮しながら、世の中と調和していたい、自分の意志を持って行動したいという人が増えているのは、時代の変化の表れだと思う。

「自分の生き方を生きること」がとても重要な時代

ビジネスでも同じことが言える。万人を相手に作った大手企業の製品が「絶対安心」とは限らない。むしろ、「あの人が作ったモノなら」と個人を信頼するほうが、これからの時代に合っている。

企業も個人も、「自分らしさ」を存分に発揮すること。それでいて、社会と調和していくこと。一人ひとりがどう生きるかが問われる時代に、私たちは生きているのだと思う。福澤諭吉の語った「一身独立」、安岡正篤の「一燈照隅」という言葉に、世代を超えた共感を覚える。つまり、組織の中で生きるのではなく、「自分の生き方を生きること」がとても重要な時代に変わっていく。

組織に依存するのではなく、自分の人生を自分で切り拓いていく。そんな生き方こそが、これからの時代に求められているのである。私も経営者として、社員一人ひとりの個性が輝く会社を目指したいと考えている。

1万円の商品を7千円に値下げしても、販売個数は伸びない。

京セラ・第二電電（現・KDDI）創業者で日本航空の再生にも辣腕を振るった稲盛和夫氏も「値決めは経営である」と語っているように、経営者にとって、価格の決定は最大の決断である。適切な価格設定ができていないと、経営はうまくいかない。

価格決定に当たっては、一次情報、つまり自分自身の目で見て、触って、体験して得た情報が非常に重要だ。テレビ、新聞、インターネットなどの情報に頼るべきではない。大切なのは、人々の生活の変化を自分の目で見て、何をしたいのか、何が欲しいのかを感じ取ることである。

例えば、少し前までは「安くておいしい店」が人気の店になったが、今は「高くておいしい店」が支持されるようになっている。安売りをしても人は集まらなくなったのである。このことを、知っているではなく自分自身で体験、体感することである。

高いものが当たり前に売れる時代に

実際、1万円の商品を7千円に値下げしても、販売数は1・5倍にならないと売上は伸びない。逆に、1万円の商品を1万2千円で売ったとき、販売数が減るどころか増える場合も多いのである。

なぜなら、人々の価値観が変わってきたからだ。安いだけでなく、より良いもの、本物を求めるようになったのである。

アマゾンの販売者用管理画面では、自社の商品と競合する商品の販売個数を閲覧することが可能で、当社のガードナーベルトと類似品の販売個数はどれくらい違うのかチェックしたことがある。すると、ガードナーベルトの価格は類似品の5倍高いにもかかわらず、個数では類似品の何百倍も売れていることが分かった。消費者は賢く、安かろう悪かろうのものは買いたがらないのである。

社会の階層構造も変化しており、中流階級の中でも上層の市場がいちばん大きくなっている。安売り競争に巻き込まれるのではなく、中流上層から富裕層をターゲットに、価値ある商品を適正価格で提供することが重要なのである。

そのためには、自分自身がその価値を正しく理解し、体現していることが不可欠である。安いものばかり買っていたのでは、良い商品は生み出せない。

私は、価格競争に巻き込まれるのではなく、お客さんに価値と感動を提供し続けることこそが、経営者の使命だと考えている。安売りは長期的な視点に立てば、会社を危険にさらすだけだ。勇気を持って、品質にこだわった価格設定をすることが、結果的に売上と利益の向上につながるのである。

スピード!!スピード!!スピード!!

「スピード!!スピード!!スピード!!」。これは、単なる掛け声でも、精神論でもない。ビジネスの世界で、私たち中小企業が生き残り、そして成功をつかむために、最も重要な戦略的メソッドである。15年以上前に楽天の経営方針に見いだした言葉だが、まさに現代のビジネスにも通じる、普遍的な成功法則と思い、ガードナーの経営方針にも使わせてもらっている。

なぜスピードがそれほど重要なのだろうか？　それは、スピードこそが「熱量」を生み出すからである。熱い人間は魅力的で、周囲を巻き込み、大きなエネルギーを生み出す。ビジネスでもそれは同じである。熱量のある企業は、顧客を惹きつけ、市場を席巻し、成長を加速させていく。顧客を惹きつける「熱」を生み出すために、スピードは必要不可欠である。

スピード感がある人はモテる

気になる異性とデート中の自分を想像してみてほしい。相手は自分のことをどう思っているのだろうか？「この人、ちょっとつまらないかも……」と思われてしまったら、関係を進展させることは難しいだろう。しかし、自分自身の熱意と行動力で、相手をワクワクさせることができれば、2人の距離は急速に縮まる。行動力とは、つまりスピードである。スピーディーに次々と打つ手を繰り出していけば、相手を飽きさせることはない。スピード感がある人は、モテる。

ビジネスも同じである。顧客に「面白そう！」「もっと知りたい！」と感じてもらうためには、スピード感を持って、魅力的な商品やサービスを届け続ける必要があるのだ。

では、具体的にスピードとは何か？　それは、「知る」と「する」の間の時間を極限まで短縮することである。思いついたらすぐに行動に移す。見て考えるよりも先に、まずはやってみる。その先にこそ、新たな発見やイノベーションが生まれ、ビジネスチャンスが広がっていくのである。

例えば、新しい商品を開発する場合を考えてみよう。画期的なアイデアを思いついても、それが形になるまでには、デザイン、試作品の作成、市場調査、改良、量産体制の確立など、多くのプロセスが必要である。これらのプロセスを、いかにスピーディーに進められるかが、成功を左右する。

しかし多くの企業では、スピードが遅すぎる傾向にある。会議や稟議《りんぎ》に時間を取られ、意思決定が遅延し、結局、アイデアはアイデアのまま、机の中に埋もれてしまう。せっかくの素晴らしいアイデアも、スピード感を持って実行に移さなければ、宝の持ち腐れになってしまうのである。

圧倒的なスピード感を出すには

では、どうすればスピードを上げられるのか。重要なのは、納期を設定することだ。いつまでに何を達成するのかが具体的になれば、その達成に向けて、迅速に行動を開始できる。

次に、社内全体でスピードに対する意識改革を進める必要がある。「スピードがすべてではない」「品質が最優先」といった声ももちろん大切だが、スピードを意識することで、無駄な作業が減り、業務効率が向上し、結果的に、より質の高い商品やサービスを、より早く提供できるようになるのだ。

今いちばんスピード感のある国は中国である。アメリカも日本も圧倒的にスピードがないという事実に早く気づこう。

ちなみに、英語の「Godspeed」という言葉はもともと、旅に出る旅人にかける言葉で「成功を祈る」「幸運を祈る」という意味である。また「speed」には「目的達成」「成功」「繁栄」などの意味もある。

スピードこそが、私たちに成功という名の幸運をもたらしてくれる。「Godspeed」の言葉どおり、スピードを武器に、熱量を持ってビジネスに邁進《まいしん》していこう。

考えるな、感じろ。出張はいつでもどこへでも行け。

世の中の会社は、経費節約のため出張旅費を削る傾向がある。特にデジタル化が進んだ昨今では、オンラインでミーティングや商談、展示会への参加が可能なため、出張の機会が減ったと喜んでいる会社も多いだろう。

しかし、当社はまったく反対の方針を採っており、会社が拡大するためには出張旅費の増加が必須と考えている。そのため、普通の会社では、出張に行くために稟議書が必要だが、当社ではそのような手続きは一切ない。また、出張から戻ってきた際の報告も不要である。

例えば、「あいつ、どこにいる?」「ロサンゼルスに出張しています」「あ、そうなんだ」という具合に、自由に行動できるのである。いちいち稟議を上げていたら、いつまでも進歩できない。

出張は好きなときに行っていい

一般的なサラリーマンは、会社と自宅の往復ばかりで、出張や一人旅をしないため、日々の体験が不足していると感じる。ＰＣの前に一日座っているだけでは、いわゆる座学に過ぎず、生きた知恵につながる経験を得られない。

一方、足を使って動き回ることは一見非効率に思えるが、仕事を超えた人生の中で非常に重要な体験だと考えている。小企業であるガードナーは、この一人ひとりの体験を重視し、個人の力を高めることで大企業に打ち勝つ戦略を取っている。中小企業が生き残るためには、この方法しかないと考えている。私自身、サラリーマン時代に自腹で出張に行っていたのでこのことは確信している。

行動することが大事である。実際に動き回ることで多くのことを感じ、直感を養える。“Don't think. Feel.”これはブルース・リーの名言で、「考えるな、感じろ」という意味だ。直感を得るためには、膨大な行動量が必要である。市場の動きを感じるためには、実際に行動し、現場に足を運ぶことが不可欠だ。

「やりたいことをやる」のが出世。

昭和の時代、多くのサラリーマンは会社における成功を目指していた。しかし現代、特に若い世代が本当に求めているのは「時間」である。

では、その自由な時間で何をしているのか？　ＳＮＳやゲームに興じている人が多いのかもしれない。しかし、私はそれで良いと思っている。本当にやりたいことを我慢してストレスをため込むことこそ、不健全である。

「石の上にも三年」という言葉があるが、何もかも我慢すれば良いというものではない。明治から昭和時代を描いて大ヒットしたドラマ『おしん』では、けなげに我慢するヒロインの姿が描かれていた。放映された当時は、我慢することが美徳とされた時代背景があったのだろう。しかし現代では、必ずしも我慢が美徳とは言えない。特に「よっしゃ！やるぞ！」と情熱を燃やしているときに、我慢を強いられるほどつらいものはない。

現代における真の出世とは?

とはいえ、残念ながら若いうちは、やりたいことをやらせてもらえない人が普通といえる。新人も仕事を覚えるうちに、任される仕事の範囲が広がっていく。そうすると、そのなかに、やりたい仕事が増えていくかもしれない。出世するにつれてやりたい仕事が増えてくる。「やりたいことをやるのが出世」とは、この当たり前の状況を示している。

では若いうちは、やりたいことを我慢すべきなのか。ある程度は仕方がないが、「どうすれば自分が本当にやりたいことを実現できるのか」を常に考えることはできる。

会社では、上司から指示された仕事をこなすのは当然である。自分のやりたいことだけをできる人など、ほとんどいない。しかし、与えられた仕事をこなしながらも、「その中で、自分が本当にやりたいこと、得意なことは何か?」を常に意識することである。

そして経験を積む中で、自分の「やりたいこと」に少しずつ挑戦してみよう。

会社で昇進していく道だけがすべてではない。自分の得意なこと、好きなことを追求し、例えば独立・起業というかたちで自分の才能や情熱を活かし、実現していくこと。それが、現代における「真の出世」であり、「成功」といえるのではないだろうか。

賢い人より、情熱と素直さを持った人を採用したい。

おかげさまで当社のような地方の小さな会社にも、入社を希望する人がたくさん来てくれる。ただ、当社の採用基準は少し変わっているかもしれない。

先日も、こんなことがあった。なんと、某国立大学を首席で卒業したという女性が面接に来たのである。誰もがうらやむような経歴の彼女が、なぜ当社のような田舎の会社を？と、正直驚いた。

私は彼女に、「あなたは優秀だし、もっと活躍できる会社があるはずだ」と伝え、やんわりと断った。しかし、彼女は「なぜダメなのですか!?」と食い下がるばかり。熱意は伝わったが、残念ながら採用を見送った。

なぜなら、どんなに知識や能力が飛び抜けていても、当社の求める素質とは違っていたからである。過去には、某有名企業の研究所出身の研究者も応募してきたが、彼もまた、当社には合わないと判断し、採用しなかった。

アマゾンの配達の兄ちゃんを採用

これとは異なることも起こった。アマゾンで買った商品の配達で来た若い男性が、当社のオフィスを見て「うわあ!」と驚いていたのだ。ガードナーのオフィス内には、釣り具やモデルガンなどがたくさん飾ってあり、ほとんどおもちゃ箱である。一般的なオフィスとはまったく違う雰囲気なので驚くのも無理もない。

すると、その彼が数日後、再び当社を訪れ、「ここで働かせてください!」と頼みに来たのである。話を聞いてみると、彼は、自分の恋人を追いかけて福岡に移住してきたものの、福岡で振られてしまい、今は配達のアルバイトをしているとのことだった。

そして話している間に何度も、「どうしたらこの会社に入れますか?」と聞いてくるのである。その熱意と素直さに心を打たれ、私は彼に5日間のアルバイトを提案した。

ちなみに当社では、5日間のアルバイト後、3カ月の試用期間を経て、正社員登用を検討する制度を設けている。彼も例に漏れず、まずはアルバイトからスタートしてもらった。

すると彼は、期待を裏切ることなく、一生懸命働いてくれた。「ちょっとアレ買ってきて」と頼むと、猛烈にダッシュして買ってきてくれる。その姿を見て、今では正社員として働いてもらっている。

採用する人材を見極めるポイント

このように、当社では最初の5日間が非常に重要になる。しかし実際には、1日、2日でその人のポテンシャルは分かってしまう。どこを見ているかというと、まず「エネルギー」。5日間という短期間では、仕事を覚える時間などない。できることは、せいぜい雑用をこなすことくらいである。そんな中、頼み事をすれば、すぐに飛んで行ってくれるようなエネルギーのある人が魅力的である。

そしてもう一つは「運」を見ている。松下電器（現・パナソニック）創業者の松下幸之助さんは、面接の際に「あんさんは運がよろしいですか？」という質問をしたそうだ。私もそれと同じように、「あなたは自分のことを運がいいと思いますか？　悪いと思いますか？」と質問する。

「運が良い」と答えた人は、ひとまずＯＫだ。「運が悪い」と答える人は、残念ながら採用を見送る。本当に運が良いか悪いかは外からは判断できないが、自分のことを「運が良い」と考えている人は、自分の運を信じて自分の道を切り拓いてきたと考えられる。

最後に、「素直さ」も重要な要素である。指示したことを素直に聞けるか、簡単なことをそのまま受け取れるか。こうした素直さは、仕事内容が複雑になったとしても、柔軟に対応できる可能性を示している。冒頭で紹介した、国立大学を首席で卒業した女性は、能力は申し分なかったが、この「素直さ」という点において、少し欠けていたように思う。

当社は個性と情熱を持った素直な人材を求めている。「好奇心と向上心だけは負けない」「人とずれていると感じることがある」「ゼロから生み出すことが得意だ」「行動力には自信がある」「飲むことが好きで、飲み会での伝説を持っている」、そんな人はぜひ、当社の門をたたいてみてほしい。

自分たちが本気で楽しむから人は寄ってくる。

「お客さんのために」「社会のために」。もちろん、それは大切なことだ。しかし、自分を犠牲にしてまで無理に笑顔を作ったり、やりたくないことを我慢して続けたりする必要はない。本当に人を惹きつけるのは、自分自身が心の底から楽しみ、情熱を燃やしている姿なのである。

偽りの「楽しさ」はバレる

ガードナーのオフィスは、よく「おもちゃ箱みたい」と言われる。モデルガンや、エアガン、釣り具、バイクなど、私の好きなものが所狭しと置いてある。頭上には翼長2・4メートルの零式艦上戦闘機がぶら下がっている。そしてハワイのイメージのインテリアとロイヤルハワイアンホテルの香りが漂っている。

ビルの表玄関には、ブラックの悪そうなアメ車コルベットなどが8台並んでいる。そしてハーレーダビッドソン12台が並んでいる。普通の会社ではありえない光景である。

なぜそんなオフィスにしたのか。それは、私自身が本当に心から楽しいと思える空間を作りたいからである。そして、その空間を共有することで、訪れる人にもワクワクするような気持ち、遊び心を取り戻してもらいたいと願っているからである。

人は、誰しも「楽しそうな人」「輝いている人」に惹かれるものだ。「楽しそうだな。自分もこんな人になりたいな」と思うからその人に近づく。

しかしそこに、少しでもウソがあると人は引いてしまう。単にお金があるからと、高級車を買ったり、オフィスを豪華に飾ってしまったりすることとは意味がまったく違うのである。「自分が楽しまないと、人はついてこない」。これは、商売に限らず、人生でも大切なことではないだろうか。

本気で楽しむために必要な「得意技」

では、どうすれば「自分が楽しめる仕事」を見つけられるのだろうか？　それは、「自分の得意技」を磨くことだ。

私は空手をやっていた経験から、「得意技」を持つことの重要性を学んだ。得意技を身につけた瞬間から、自信がみなぎり、試合運びが劇的に変化した。それは、ビジネスの世界でも同じである。自分の得意分野を徹底的に磨き上げ、誰にも負けない「強み」を身につけることで、仕事で大きな成果を上げられるだけでなく、仕事そのものを心から楽しめるようになるのだ。

社員一人ひとりが仕事を楽しむようになれば、会社の雰囲気は劇的に変化する。オフィスには笑顔があふれ、活気に満ちあふれ、まるで太陽の光を浴びたかのように明るく、温かい空間になるだろう。そして、その雰囲気は、会社の外にいる人にも伝染していくのである。

「風通しが良い」「エネルギーを感じる」「楽しそう」。そう感じさせる会社には、自然と人が集まってくる。「面白そうだから一緒に仕事がしたい」「あの会社が作った商品を買いたい」「あの会社で働きたい」。そんなふうに思ってくれる人が、まるで磁石に引き寄せられるように集まってくるのである。

そして、その輪はどんどんと広がり、やがて大きなうねりとなって、社会全体を巻き込んでいくだろう。「ちょっと変わった会社だけれど、面白くてすてきな会社」。そんなふうにうわさされるようになったら、最高だと思わない？

実は会社が成長すると、妬み、やっかみを買うこともある。理不尽なクレームを受けることもあるかもしれない。しかし、そんなネガティブな意見にいちいち心を乱される必要はない。むしろ、反論できるだけの自信と根拠があるのであれば、どんどんと反論すれば良いのである。

「出る杭《くい》は打たれる」と言うが、「沈んだ杭は腐る」「出過ぎた杭は磨かれる」という言葉もある。大切なのは、「自分が心の底から楽しめるかどうか」である。その軸をブレずに持ち続けることが、結果的に人を惹きつけ、大きな成功へとつながっていく。

人を集め、化学反応を起こすための法則。

ガードナーは、私と同じように「楽しむこと」を大切にする人たちにとって、まさに「楽園」のような場所である。しかし、人は皆、それぞれ異なる個性、才能、そして情報を持っている。

たとえ価値観が似ていても、異なるバックグラウンドを持つ人々が集まり、互いに刺激し合うことで、予想もしなかった化学反応が生まれる。そして、その化学反応こそが、新しい価値を生み出し、ビジネスを大きく成長させる原動力となるのである。

私の会社では、こうした化学反応が頻繁に起こる。それは、私が「化学反応」の起こりやすい環境を意図的に作り出しているからだ。

化学反応の起こりやすい環境を意図的につくる

では、どのようにすれば、ビジネスにおいて「化学反応」を起こせるのだろうか？

そのためのヒントを、いくつかご紹介する。

①積極的に外に出かけ、人と会う

化学反応を起こすためには、まず「材料」が必要だ。つまり、「自分とは異なる価値観や経験を持つ人」との出会いが必要である。

自分の殻に閉じこもっていては、いつまで経っても同じような人とのつながりしか生まれない。積極的に外に出かけ、違う業種の人に会ったり、興味のあるイベントに顔を出したり、さまざまな人と交流する機会を作ろう。

②自分の「好き」を発信する

自分が心から「好き」だと感じられること、ワクワクするような情熱を注げることを、積極的に発信しよう。ＳＮＳやブログを活用するのも良いし、周りの人に直接伝えるのもが集まってくる。

効果的だ。自分の「好き」を発信することで、共感してくれる人、興味を持ってくれる人

③「偶然の出会い」を大切にする

ビジネスチャンスは、会議室だけでなく、思わぬ場所で、思わぬタイミングで訪れることがある。飲み会やイベントなど、リラックスした雰囲気の中で生まれる「偶然の出会い」を大切にしてほしい。

私自身、釣り具を開発していたときに、飲み会である部品メーカーの社長と隣になったことがあった。その彼は、私が釣り具の開発で悩んでいると話したところ、「こうすれば応力が生まれるので、常にテンションがかかった状態になりますよ」と、素晴らしいアイデアを出してくれたのである。

もし、あのとき、私が飲み会に行っていなかったら……。隣のおじさんに話しかけなかったら……そう考えると、ゾッとするような気持ちになる。貴重なネタは、飲み会で拾うことが多いものだ。だからこそ、飲みニケーションは大切である。

④「遊び心」を忘れない

堅苦しい雰囲気の中では、自由な発想は生まれにくく、化学反応も起こりにくくなってしまう。時には、仕事の手を休め、リラックスして、子どものように無邪気な気持ちで「遊ぶ」ことを意識してみよう。

私の会社のように、オフィスにおもちゃを置いたり、ゲームをしたりするのも良いし、一緒に食事に行ったり、旅行に行ったりするのも良いだろう。「遊び心」を持つことで、心の壁が取り払われ、本音で語り合える関係性が築きやすくなる。

⑤失敗を恐れず、どんどん行動する

化学反応は、いつ、どこで、どのように起こるのか、予測不可能である。しかし、行動しなければ、何も始まらない。失敗を恐れず、積極的に行動することで、化学反応の確率を高められる。

「面白い！」と感じたら、まずは行動を。その先に、予想もしなかった未来が待っているかもしれない。

SNSでは、読んでくれる人が元気になる言葉を書く。

SNSでは、人の不幸やスキャンダル、喧嘩《けんか》を売るような投稿が目立つことがある。こうした投稿は人の目を引きやすく、フォロワーが増えやすい傾向がある。

実際に、そのような投稿をしている人の中には、頭が良く論理的な思考力を持った人が少なくない。しかし、同時に彼らは孤独を抱えていることが多いように感じる。

人は誰でも明るく楽しい話題に心が惹かれるものだ。初期のフェイスブックを思い返してみてほしい。「こんなおいしいものを食べた」「こんなすてきな場所へ旅行に行った」など、誰もが自慢話を投稿していた。多くの人が、そんな他人の輝かしい姿に憧れを抱き、フェイスブックは急速に普及していった。

しかし、その一方で、うらやましい投稿ばかりを見て、「自分はなんて惨めなんだ」と落ち込んでしまう人もいる。SNS疲れという言葉が生まれるほど、現代人はSNS上の情報に疲弊している。

肯定的な言葉を書くことを自分のルールに

だからSNSに投稿するなら、読んでくれた人が元気になれるような、明るい話題や面白い話が好ましい。そして、今の時代、ダラダラと長い文章を書くよりも、写真にひとこと添える程度の簡潔な投稿が効果的だ。長々と自己主張をするよりも、可愛らしい犬や猫の動画を投稿したほうが、よっぽど多くの人を笑顔にできる。

世の中や他者への批判や不平不満ばかり書き込んでいる人もいるが、そんな投稿は誰も読みたくないし、読む人の心を暗くするだけである。

SNSには常に、プラス言葉、肯定的な言葉を書くことを自分の中でルール化してみてはどうだろうか。愚痴、悪口を書くと、信用をなくし、暗くなって人が寄ってこない。自分が元気になるコミュニティは、必ず良い言葉を使っている人の集まりであることに間違いない。そんな人たちは、運がいい人たちの集まりである。運がいい人は運がいい人たちとしか付き合わない。

ＳＮＳなんて人生に必要ない

そもそも、ＳＮＳなんて無理してやらなくてもいいいと思う。情報は多ければ多いほど良いというものではない。必要のない情報もたくさんある。つまらない情報を見てしまったために悩んでしまう人もいる。これは本当に馬鹿らしい話である。

例えば、自分自身が人生のなかで調子が悪いときに、ＳＮＳで他人が楽しそうに生きている姿を見ると、「俺はダメだ」と自己否定に陥ることもあるだろう。

自分がそんな思いをするなら、そんなＳＮＳは見ないほうが良い。見て苦しくなるなら、フォローを外すのもいいだろう。ＳＮＳを見なくても楽しく生きている人はたくさんいる。本来なかったものだから、本当はなくても楽しく生きていけるのである。ＳＮＳはビジネスでは欠かせないものとなっているが、人生の必須ツールではない。

自分の人生は、他人の人生を気にするためにあるのではない。自分自身が幸せに生きていくためにある。ＳＮＳに振り回されている人生は本当につまらない。ＳＮＳに限らず、あまり小さなことにこだわらないで、もっとはつらつと、自由に、情熱と狂気を楽しみながら生き抜こう！

教育の目的は、モテモテになって、稼げる人間に育てること。

教育の目的は、子どもたちを「モテモテになり、お金を稼げる人間に育てること」だと私は考えている。モテることは、お金を稼ぐことにもつながる。

例えば多様な体験をしている人は、話が面白いのでモテる。営業マンになって顧客と会話する際、自分の実体験を語れば、お客さんに喜ばれ、距離を縮められる。お客さんにモテることが稼ぐことにつながるのである。

一つのことに夢中になっている人、情熱的な人、スピード感のある人も、お客さんにもモテるし、異性にもモテる。子どもがそういう人になれるよう導いてあげることが教育だと思っている。

モテている姿を見せることが大事な教育

しかし私は自分の子どもたちに対して、基本的には何も教えたことはない。ただ一つ、挨拶をちゃんとするよう伝えた。小学生くらいまでの頃、挨拶をしなかった際にはひっぱたくこともあった。それ以外は、まったく何も言わなかった。

「何も教えないんじゃ、教育じゃない」と思われるかもしれない。でも私は、手取り足取り、親切丁寧に教えてあげることばかりが教育ではないと思っている。

実際に私は、モテる方法を直接教えるのではなく、モテている親父がかっこいいと思わせることが大事だと考えてきた。私自身は決してイケメンではないし、ものすごくモテるわけではない。

ただ、初対面の人とでも、なごやかに会話ができたり、笑いを取って盛り上げたりすることはできる。そんな親父の姿を子どもたちに見せて、「面白いな」「かっこいいな」と思わせることができれば、それが教育だと私は考えているのだ。体験談を語ることで、子どもたちに「うちの親父はかっこいい」と思ってもらえるようにするのである。

年を重ねるにつれ、だんだんと「親父はたいしたことないんだ」と子どもたちに思われるようになるだろう。しかし、そうなったらすでに私は子どもに抜かれているということだ。子どもに抜かれるのは喜ばしいことである。

まず自分自身がモテモテになること

子どもたちにあれこれと教える代わりに、私は、体験の大切さをよく話して伝えてきた。結果がどうであれ、とにかく動くことが大事なんだよと。行動することで失敗も増えるが、格好悪いところも見せることが重要である。

アメリカ出張の際、息子を連れて釣り具の展示会に参加したことがある。そこで、出展している担当者と英語で話をした。私はアメリカに3年ほど住んでいた経験はあるが、英語力はたいしたことない。そのたいしたことない英語でも海外に会社を作ることができるということを見せたかったのである。

あとから息子には「親父って偉そうに話しているけれど、英語力は全然ないじゃん」と言われたが、それこそ私の思惑どおり。英語力がないのは本当のことだが、それでも海外との仕事はできるのである。

息子は「親父があの程度の英語でコミュニケーションを取っているなら、俺はもっといけるぞ」と思ったことだろう。あえてそういうシーンを見せることで、子どもに自信をつけてもらうのが狙いである。

教育とは、直接的な指導よりも、親の姿勢や行動を通して子どもに影響を与えていくことが重要だと私は考えている。モテる親父、体験談を語る親父、格好悪いところも見せる親父の姿を通して、子どもたちに自信と可能性を感じてもらう。それが、子どもを「モテモテになり、お金を稼げる人間に育てる」ための私なりの教育法である。

これは子どもの教育だけでなく、社員教育にも通用するといえるだろう。

市場調査なんていらない。

私たちはいま、焼き鳥グリルを開発している。あるとき、社員が市場調査と称して他社製品を買い込み、あれこれと調査していた。私が「何をしているの?」と尋ねると、「他社との違いを明らかにして差別化を図るために調査している」とのことだった。私はこう言った。「そんなことはするな。費用も時間ももったいない」と。

市場調査は不要だと思っている。市場調査とは、世の中が今どうなっているかを調べることだ。しかし、これまでの人生で私たちはすでにさまざまな情報を得てきた。それ自体がすでに市場調査なのである。今さら改めて調査する必要はない。その時間を使って、今の商品をオリジナルにブラッシュアップすることのほうが重要である。

iPhoneは市場調査の結果生まれたのではない

例えば、初代iPhoneがリリースされたのは2007年だが、アップルはその開発にあたり市場調査を行っただろうか。当時主流だったガラケーを調査したとは思えない。

市場調査をしても面白くないし、差別化ができても売れるとは限らないのである。

私たちがすべきことは市場調査ではなく、現在開発している商品の魅力を引き出すことだ。ネーミングからパッケージまで含めて、どう付加価値をつけるかに集中すべきである。

私がサラリーマンだった頃、自分で開発した商品を売ろうとしたときに部長から「君は市場調査をしたのか」と聞かれた。当然していなかったので「していません。今までにない商品なのに市場調査なんてできないじゃないですか」と答えた。すると部長は「ダメじゃないか。市場調査もせずに売れるわけがない」と言ってリリースを許可してくれなかった。そのとき、本当に悔しかった。

例えば特許があっても、「○○に効く」というエビデンスがあっても、「○○先生の推薦」があっても、売れないものは売れない。そういったアピール文言は他社製品と比較される際に使うものである。他社製品と比較が必要ということは、まだ圧倒的な付加価値づくりができていないということだ。そんな状況で売れるはずがない。

市場調査にお金や時間をかけている企業も多いが、それはまったく無駄だ。市場調査をしなければ、その時間を別のことに使える。最初に開発を始めるときには、「こんなものを作りたい」というアイデアがあり、その程度の調査はする。しかしそれ以上はしない。特許に関する調査も同じである。特許の抵触調査は外部に委託すればできるが、かなりのコストがかかる。だから、ある程度まで調査したらそれ以上はしない。

まったく新しい商品なら市場調査は意味がない

他社商品の改良版や少し新しい機能を付けた商品しか開発できないから、市場調査が必要になる。まったく新しい商品、本当に自信を持てる商品ならば、市場調査なんて必要ない。

「他社と比べてどうのこうの」と考えるのは暗い話である。市場調査は自社のことばかり考えて、お客さんのほうを向いていない。失敗を恐れ、リスクヘッジをしようとしているのである。失敗したときの言い訳の材料を集めているだけなので、暗くなる。

それに対して、「この商品はこんなにすごい機能がある。こんなところが魅力的だ」ということを考えるのは明るくて楽しい。お客さんのほうを向いているので、お客さんも楽しそうだと感じてくれるし、購入してくれる。市場調査なんていらないのである。

マーケティングとは、得意技を持つこと。

マーケティングについて、ピーター・ドラッカーは「マーケティングの目的は、販売を不要にすることだ」と言い、フィリップ・コトラーは「どのような価値を提供すればターゲット市場のニーズを満たせるかを探り、その価値を生み出し、顧客に届け、そこから利益を上げること」だと定義している。

つまり、「売り込みをしなくても自然に売れてしまう状態を作ること」がマーケティングだというのだが、学者の定義は本当につまらないものだと私は思っている。そんなことを勉強しても何の役に立つというのだろう。

何を捨てて、何に集中するか

私のマーケティングの定義はズバリ「得意技を持つこと」だ。空手を45年間やってきて分かったのは、すべての技が得意な人で、本当に強い人は皆無だということ。私自身、マイク・タイソンと具志堅用高を手本に、左フックに集中し、そして右ローキックという二つの技に集中して練習した。その結果、全日本選手権で2位に入賞し、ハワイでも大柄な外国人選手と渡り合えた。つまり、得意技とは「何を切り捨てて、何に集中するか」で作り上げるものなのである。

ビジネスの世界でも同様だ。「ランチェスターの経営戦略」はもともとは軍事戦略の理論だが、これをビジネスに応用して、市場での競争における優位性を築くための方法を示した戦略である。この戦略では、資源を特定の市場セグメントや地域に一極集中することこそが重要であり、分散することは間違いだと説いている。

当社は多くの製品を扱っているから、一極集中ではないと思う人もいるかもしれないが、そんなことはない。私たちは「楽しい遊びモノ」に一極集中している。製品アイデアの多くは遊びの中から生まれてきたが、ルームシャンプーのように仕事から生まれたものもある。いずれにせよ遊び半分ではなく、一生懸命に遊ぶ姿勢が大切だと考えている。

そして現在、当社が特に力を入れているのが動画コンテンツだ。マーケティングにおいて重要なのは「感情を伝えること」であり、お客さんの心に響くものを作らなければならない。

お客さんは「悪魔は細部に宿る」というようにささいな欠点も見逃さないし、それが感情的なクレームにつながることもある。だからこそ、感情に訴求する動画コンテンツを得意技として磨き上げているのである。

グローバルに活躍したいなら、まず日本のことを知ろう。

私は日本人として、日本人が日本の歴史や文化についてよく知っておくことの重要性を強く感じている。特に海外に出ると、その思いは一層強くなる。

私は年に何回も海外出張に行くが、海外はある意味で戦いの場だ。慣れない環境の中で、ホームシックにかかったり、自信を失ったりすることもある。ビジネスパートナーから「日本人ならどう思う？」と意見を求められることもある。そんなとき、もし、自分の国の歴史や文化について何も知らなければ、何も答えられず、恥ずかしい思いをするだろう。

アニメからでもいい。自信を持って日本の素晴らしさを伝える

私自身、高校生の頃までは成績も悪いし本なんかほとんど読んだことがなかった。しかし、空手が好きで空手の歴史や文化について知っていたおかげで、ハワイで働いていたときに現地の人々と深い話をできた。

しかし、最近の日本人は、自国の文化についてあまりにも知らない人が多いように感じる。日本の歴史の素晴らしさ、日本人だけがなぜ植民地化を免れたのか、など、語り継ぐべきストーリーはたくさんある。これらの知識がないと、海外の人たちと対等に渡り合い、「日本人とは何か」を語ることはできない。私たちは、自信を持って「日本は素晴らしい国だから、ぜひ一度訪れてみてください」と言えるようになるべきだ。

日本の歴史や文化を知る、といっても難しく考える必要はない。例えば、日本のアニメは世界中で人気だ。食わず嫌いをせずに、まずは一度見てみることをおすすめする。特に『進撃の巨人』は、ストーリー、作画、音楽、どれを取っても一級品で、海外での支持も非常に厚い。『鬼滅の刃』もいい。外国人と話しているときに、竈門炭治郎のまねをしたらウケることは間違いない。

海外の人々と交流する際には、まず自分自身が日本のことをよく知っていれば、会話も弾む。日本をもっと深く理解してもらうこともできる。

アニメ以外にも、ぜひ勉強してほしいのは歴史だ。特に幕末から明治時代にかけての歴史は、激動の時代でありながら、日本の近代化を成し遂げた重要な時代である。この時代を学ぶことで、日本人の底力や先人たちの偉業を知ることができる。「日本人は本当にすごいんだ」と心から感動し、さらに深く歴史を学びたいという気持ちになるはずだ。

歴史を学ぶことは、決して退屈なことではない。むしろ、人生を豊かにする刺激的な体験となるはずだ。

夢は大きければ大きいほど実現する。ホラを吹きまくれ。

「夢は大きければ大きいほど実現する力を持っている」と私は信じている。小さな夢では、周りの人の興味を引くことは難しいだろう。例えば身近な友人が、「小さくてもいいから自分の店を出すのが夢なんだ」と言ったとしても、「そう、叶うといいね……」で会話は終わってしまう。

しかし、「ディズニーランドみたいなテーマパークを作る！」と宣言したらどうだろうか？「そんな大風呂敷を広げて」「そんなの実現するわけないじゃん！」と思うかもしれないが、どこか面白味を感じるし、どんな構想を持っているのか聞いてみたくなるのではないだろうか。

ビジネスでも同じで、小さな夢を語っていては、興味を引かないので誰も寄ってこない。大きな夢を語る起業家の下には、「その夢、なんか気になる」という人がどんどん集まるものだ。

人に迷惑をかけない限り、うそではなく夢を語る「ホラ」はどんどん吹けばいいと私は考えている。だから、夢を語る「うそつき」が大好きなのだ。

大ボラが周りの人を巻き込み、夢の実現に向かう

私自身も会社の中でいつも大ボラを吹いている。聞いている人も楽しそうで、職場に活気が生まれる。ホラはうそだとしても、誰にも損害を与えるものではない。

私の最大の「ホラ」は「遊覧用の零戦を飛ばす」ことだ。実現するには、どう試算しても開発費に最低5億円はかかりそうだが、それでも私は本気で実現したいと思っている。実現したい夢であれば、人は自然と詳しくなるものだ。今や、零戦を飛ばす知識について私の右に出る者はいないと自負している。

情熱を持って詳しく語れば、賛同してくれる人が自然と集まってくる。実現に向けて協力してくれる仲間や、有益な情報が集まり、大きな化学反応が起きるのだ。だから、夢を語ることを恐れてはいけない。

具体的な計画はまだ話せないが、もう一つ壮大な夢がある。「世界最大の自転車メーカーになる！」ことだ。実際に台湾の大手メーカーと組んで、まったく新しい自動自転車を開発中である。従来の電動アシスト自転車とも、バイクとも違う、画期的な乗り物になる予定だ。

夢を語り、実現に向けて行動すれば、きっと夢は現実のものとなるだろう。小さな夢ではなく、大きな夢を抱き、周りの人を巻き込んでいく。そうすることで、夢の実現に向けた大きな力が生まれるのだ。

魅力はタブーを破る勇気から生まれる。

魅力はタブーを破れる勇気から生まれる。タブーを破ることとは、罪悪感との闘いになる。してはいけないことを守るのは優等生の役目だが、本当に難しいのはしてはいけないことをすることだ。

歴史上の偉人たちは、タブーを破る勇気を持っていた。坂本龍馬は高千穂峰（現在の宮崎県と鹿児島県）を訪れた際、神から授かったという伝説を持つ「天の逆鉾」を好奇心と若気の至りで引き抜いてしまった（史実ではなく小説『竜馬がゆく』の中で登場する有名な話だが、竜馬の魅力をよく表すエピソードといえる）。

福澤諭吉は少年の頃、初詣で訪れた神社でおみくじを引いたあと、こっそり神社の裏手に回りこみ、中をのぞき込んで大人に叱られた。しかしこの経験から「物事は自分の目で確かめなければ分からない」という、のちの合理的な思考の基盤となる教訓を得たといわれている。

アメリカの映画やドラマでは、西部劇に見られるアウトローのガンマンや、型破りな刑事ドラマの主人公など、既存のルールに縛られず、独自のやり方で正義を貫くキャラクターがヒーローとして描かれている。

ガードナーは、オフィスにアメ車、ハーレー、エアガン、釣り具……まだまだかわいいものだ。私たちはもっと大胆に、タブーを破り、常識を揺さぶり、頭のネジを吹っ飛ばして、想像もつかないようなことをやりたいと考えている。そのためには、真剣にあふれるほどの情熱を伝えることが大切だ。

人と違っていても構わない。好きなようにすればいい。一点の曇りもなく、常に正直でいることが重要なのだ。

魅力的な人物になるには、タブーを破る勇気が必要不可欠だ。罪悪感と闘いながらも、常識にとらわれず、想像力を働かせて、新しいことに挑戦していく。そうすることで、人々を惹きつける魅力が発揮されるはずだ。

苦い失敗から知った、相手のニーズを理解する大切さ。

私はかつて、自分自身の価値観を相手に押し付けて大失敗したことがある。ハワイ大学の空手指導員に就任した初日のこと。当時のハワイ大学の空手部には道場生が58人いて、男女は半々くらいの割合だった。私はまず、日本人の黒帯としてなめられないように、とことん自分の強さを見せつけてやろうと、全員と組み手（スパーリング）をした。

いちばん大きな道場生は150kgもあるような大男だったが、そんな相手を筆頭に全員をたたきのめした。翌日どうなったか。道場生は50人も辞めて、8人に減ってしまった。

空手をやる理由は人それぞれ

このことで学長からは叱責された。「何やってんだお前は！　頭がおかしいのか！」と。そのときは英語が分からなかったけれど、たぶんそんなことを言っていたと思う。

その後、女性でただ一人の黒帯だったマギーに言われた。「先生は全然分かっていない。女性が空手をやる目的は五つあります。一つは、男みたいに強くなりたい。二つ目は護身術。三つ目はダイエット。四つ目は日本の文化を学びたい。五つ目は空手の型が好きだから学びたい。人それぞれニーズがある。それに合わせて教えないとダメです」と。

しかし私は、みんなが一様に強くなるために空手をやっていると思い込んで、自分が経験してきたことと同じようにしごいてしまったのだ。そこでハッと思い、考えを改めた。

この経験から、相手が何を求めているかを把握することの重要性を学んだ。部下に仕事を任せる際も、何を欲しているかを知らないといけない。社員が何を欲しがっているかを見極め、それを手に入れるための道筋を示してあげるとやる気を出してくれる。

お金が欲しいという人もいる。例えば、うちの会社にはシングルマザーが何人かいる。彼女たちは子どもを養うためにお金が必要だ。だから「ここまで頑張ったら、こんな給与になるよ」ときちんと提示する。そうすると彼女たちはむちゃくちゃ頑張ってくれる。

ある男性は、お金よりも時間が欲しいと言っていた。部下のニーズを理解しようとする姿勢が大事だ。まず経営者が理解しようとしなければならない。

我々の会社には入社試験も社員教育も不要である。

私の会社には入社試験というものが存在しない。なぜなら私たちは、高学歴や高いスキル、高い論理的思考能力を重視していないからだ。では何を基準に一緒に働ける仲間を選ぶかというと、モラル（価値観）とスキル（能力）である。

もちろん、モラルが高くてスキルも高い人がいればそれは理想的だが、現実にはそんな人はほとんどいない。重要なのは、モラルが低くてスキルが高い人を避けることだ。なぜなら、たった一人の不適切な行動が会社全体の雰囲気を悪くしてしまうから。

一方で、モラルが高くてスキルが低い人は歓迎する。スキルは未来進行形で、あとから向上させることができる。重要なのは、チーム内で共有するモラルがあることだ。これがあれば、事業は自然と成長していく。

不得手なことに時間を費やすよりも、得意なことを極める

次に、社員教育について。多くの会社では、全員に対して一律の社員教育を行うが、私はこれが不要だと考えている。皆を一緒に寺子屋式で教育するという考え方は、時間の無駄だ。

吉田松陰も「総じて人々得手無得手あり。英雄の上にも無得手あり。愚者の中にも得手あり。其の得手を知ること、人を試むるの要なり」と言った。現代語に訳すと、「すべての人には得意なことと不得意なことがある。たとえ英雄であっても不得意なことはあるし、愚か者の中にも得意なことを持つ人がいる。その人の得意なことを理解することが、人を評価する際に重要である」ということ。不得手なこと、嫌いなこと、夢を感じないことに対して、何の教育が必要だろうか？

経済知力テストや一般常識テスト、就職試験のＳＰＩなども大いに疑問だ。もし、そんなテストの結果が良い人ばかりが集まったら、その会社は間違いなく潰れる。常識的なことを暗記しているだけの人間に、何ができるのだろうか？　学校の成績が良い人で、創造的な仕事を成し遂げた人を私は知らない。

頭が良い人とは、「人が喜ぶことを考えて実行できる人」だ。なぜか、学校の成績が良かった人は、少しつらいことがあると逃げてしまい、消えてしまう傾向にある。これは、彼らが得意なことだけに集中してきた結果であり、未知の困難に対する耐性が低いからだ。

我々の会社では、社員一人ひとりの強みを尊重し、それを最大限に活かすことを重視している。不得手なことに時間を費やすよりも、得意なことを極めることで、個々が持つポテンシャルを引き出すのだ。それが、私たちの成功の秘訣である。

つまり、入社試験や社員教育は不要なのだ。私たちが求めるのは、高いモラルと学び続ける意欲である。これさえあれば、スキルはあとからついてくる。入社試験や一律の社員教育に頼らず、一人ひとりの価値観と能力を見極め、適材適所で活躍できる環境を整えることが、会社の成長と発展につながるのだ。

何より嫌いなのは、人に階級を付けること。

何よりも嫌いなことは、人間に階級を付けることだ。大企業や中小企業では、なぜ皆が階級を付けたがるのだろうか。大きな会社では、主任、課長、部長、事業部長、取締役といったピラミッドのような組織があり、役職が細かく決められている。何かを決めるときにはスタンプラリーのように印鑑を集めないと動かない。そんなのは必要ない。

社員は皆、社長にすればいい。部長、課長、社長も、包丁、盲腸、船長も同じであり、人間の価値とはまったく関係ない。この当たり前のことが分かっていない会社が多すぎる。

私は、名刺の肩書きを「船長」に変えようかなと思っているくらい、肩書きにこだわりはない（実際にホームページには「船長」と書いてある）。

人間に階級を付けることの無意味さ

もちろん、課長とか部長といった肩書きを持つことで誇りを感じる人がいることも理解している。世間体を気にして「取締役になったよ」と周りに言い、「おめでとうございます」「すごいね」と言われたい人もいるだろう。しかし、それはあくまでも肩書きの話であって、人間の価値と肩書きはまったく関係ない。

会社は当たり前のように階級を付けるが、本当に良くない制度だ。

一応、役員だけは役職があるが、それ以外はほとんどない。また当社では、平社員だろうがどんな役職だろうが、年齢が高かろうが低かろうが、自分でアイデアを出して、自分の責任で新しい商品を開発していいことにしている。そうすると、社員はいきいきと仕事をするようになる。

新人でも社長でも、言い出しっぺがプロジェクトリーダー。

ガードナーにある唯一はっきりした役職が「プロジェクトリーダー」である。「自分がプロジェクトリーダーになります」と言えば、それでなれるのである。それは責任を持つことを意味する。だから、プロジェクトリーダーだけあればいい。

例えば今、「焼き鳥グリル」を開発しているが、「焼き鳥のプロジェクトリーダーをやらせて」と言えば、やらせてあげている。そこで成果を上げることが大事だ。よく売れたら給与やボーナスが大幅に上がるし、「あの人はこの商品で大成功したんだよ」という実績が残る。それで十分だと思う。

若手がプロジェクトリーダーになった事例はたくさんある。権限を委譲し、好き勝手にやらせる。開発費用の制約はなく自分で決めて良い。

その代わり、いい加減なことをしていたら叱られるから、本人は一生懸命やる。

成果を上げれば報酬アップ。失敗しても貴重な経験

プロジェクトリーダーはすべて任されているから、それはもう夢中で仕事をする。土日関係なく普通に仕事をすることもある。平社員でも成果を上げれば年収1000万円を超えることもある。

新人や若手がプロジェクトリーダーになれるのか？　なれる。彼らは絶対的に経験や知識が足らない。でも足りない部分は、本人が周りとコミュニケーションを取って補えばいい。分からないことがあればどんどん聞いて、助けてもらえば、なんとかなる。

「好き勝手にやれ」とは言っているが、「黙って1人でやれ」とは言っていない。黙って1人でやっていたら失敗する。社長だろうが誰だろうが、コミュニケーションを取りながら進めていくことが大切だ。プロジェクトリーダーは周囲と積極的に話し合い、知識や経験を共有しながらプロジェクトを進めていく必要がある。

成果を上げたプロジェクトリーダーは、常に進捗《しんちょく》や成果を報告する。プロジェクトの進行状況や成果、課題について共有し、次のステップについて話し合う。ほかの社員からのフィードバックやアドバイスを受けることもできる。

それでもみんな私に報告しにくる。現在の状況を話したくてしょうがないみたいだ。

もちろん、悪い報告もある。大失敗もある。しかし、プロジェクトリーダーとなって失敗することを通じて学んでくれれば、それは本人にとっても会社にとってもとても価値がある。というか、失敗して当たり前と思っているので全然問題ない。長期的に見れば、学んだことはほかに必ず活かせる。

よく一般の会社では、社員に対して「経営者感覚を持て」なんて言ったりするが、責任も権限もない一社員がそう思うのは難しい。しかしガードナーでプロジェクトリーダーになったら、ほとんど社長と同じ感覚で仕事ができる。会社を辞めて起業しなくても、起業しているのと一緒だ。そんなふうにして個々の社員が多様な体験を積むことで、会社全体の成長につながると考えている。

一流のビジネスマンほど会食開始の時間が早い。

一流のビジネスマンは、会食を17時から始めることが多い。二流の人は18時から、三流の人は19時から始める。その理由は明確で、二流の人は仕事が終わらない、もしくは終われない立場にあるからだ。

「会食は17時からでいいですか？」と提案する人は、「この人は分かっているな」と思われ、一流同士の感情が通じ合う。特に遠くから来たお客さんに対しては、そのくらいの配慮をするのが当たり前だ。

会食に使うお店も早く開店する店のほうがいい。18時に開始する店は二流だ。そんな店はうまくいかない。お客さんのことを考えていないからだ。いいお客さんは早く開店する店に来る。

18時に開店する店と、16時に開店する店では客層も全然違う。ぜひ見比べてみてほしい。

お店の運営を考えても、早く開けて早く閉めるほうがメリットは多いはずだ。

仕事じゃないんだ、飲み会だ！

多くの人は、会食を「飲み会」や「遊び」の範疇《はんちゅう》だととらえている。そういう人は、仕事はオンで、飲み会や遊びはオフというように、オン・オフを分けている。しかし、私はオンとオフを分ける必要はないと思っている。仕事も遊びもなく、いつもオンでいるべきだと考えている。仕事が終わってから遊ぶという感覚はない。

これは取引先との飲み会だけでなく、社員との飲み会や友人との飲み会でも同じである。「17時から飲もう」と言うと、「17時からは飲めないよ」と言われることもある。仕事が終わらないという人も多い。しかし、経営者になると、その辺の時間には融通が利くようになる。自由になればなるほど、時間は自由に使えるようになる。できる人ほど、会食開始の時間は早くなるというわけだ。

私は世の中の人たちにも、1時間でも早く食事を始めてほしいと思っている。例えば、今まで19時に会食をスタートしていたなら、18時にしてみてはどうだろうか。そうすると、何かが変わる。「そんなこと」と思うかもしれないが、試してみてほしい。

私の会社では、新年会や忘年会などの飲み会をする際、必ず17時に乾杯する。17時の瞬間に乾杯することが絶対的なルールで、少しでも遅れたら「何やってんだ！　仕事じゃねえんだぞ！　飲み会だぞ！」と怒号が飛ぶ（笑）。

一流の人は食事が早いのだ。東京などでは16時から飲んでいる人もいる。仕事と飲み会を分けず、早い時間から楽しむことがポイントだ。明るい時間から飲むと楽しいし、周りが仕事しているときに「乾杯」と言う瞬間は、何ともうれしいものだ。

管理はしない。コントロールするほうもされるほうも嫌だから。

組織のマネージャー、役職者の仕事は一般的に「管理」だと言われる。つまり、上司が部下に「これをやれ」と命令し、「やったか」とチェックすることを指すが、これは仕事ではなく作業だ。命令された仕事は面白くない。命令を出した時点で、仕事は作業に変わってしまい、そこには何の価値も生まれない。上司だって、部下にあれこれ言うのは楽しい仕事ではない。

自分から「やります」と言って、自由にできる仕事こそがいちばん面白い。その際、ルールは不要であり、コミュニケーションさえ取れていれば十分だ。

「管理しないと、上司と部下の認識がずれて間違った方向に進んでしまうのではないか」

と思う人もいるかもしれない。しかし、そうしたリスクはコミュニケーションによってすべてカバーできる。私の会社でも、問題が起きたときの原因は99％がコミュニケーション不足だ。しっかりコミュニケーションが取れていれば問題は起きないし、それでも問題が起きた場合は、皆が納得する。

管理する代わりに条件を与える

だからこそ私は管理せず、代わりに条件のみを与えることにしている。条件というのは、例えば報酬である。

「君は稼ぎたいのなら、これくらいの年収を目指そう」という話をする。お金の話は重要だ。例えば、ある社員が年収500万円だとする。その社員が、もっと年収を上げたいと考えていたとする。そこで、「1年後には年収1000万円を目指そう」と話す。1000万円を達成するためにはどれくらいの成果を出す必要があるかを説明してあげる。

このように目標を共有し、具体的な道筋を示すことで、社員自身が自発的に動くようになる。だから当社には、細かいルールはない。ルールがなくても、管理しなくても、全員が自発的に動いてくれるからだ。

「ガードナーは甘い会社だ」という評価を受けることがある。その「甘い」というのは、管理が甘く、ペナルティーが甘いという意味のようだ。しかし、管理が厳しくないと仕事ができないという人は、三流ビジネスマンだ。そもそも「管理」というのは、実際にやろうと思ってもできないもの。できない管理をやろうとしている会社が多すぎるが、そんな会社は世の中のためにならない。

ルールは作らない。失敗したら「大失敗de賞」を授与。

世の中の多くの会社では、ルール、マニュアル、ペナルティー、査定が好きな経営者が多い。そういう経営者はひとことで言うと退屈だ。人間的に未熟だと思う。人間は人間であり、奴隷やロボットではない。「会社の規律として厳しいのが当たり前です」と言う経営者は、「私は人間力がありません。だからルールが必要なのです」と言っているのと同じこと。厳しい会社こそが価値があるという昭和的な考えを持つ経営者は、経営者自身が頂点に立って威張っているだけということが多いのである。

ルールに厳しい経営者はダサい

「俺は怖い経営者なんだぞ！」と言わんばかりの態度を取る経営者は、若い部下からは「ダサいやつ」としか思われていない。「厳しくできないで何が経営だ」と言う経営者は、矛先を間違えているとしか言いようがない。厳しいのは自分自身に対してだけで十分だ。自分がハードワーキングすればいい。それも知的ハードワーキングである。

ルールを厳しく管理すると、どうしても「減点主義」になってしまう。スタート時はある程度の点数があるが、失敗したらそこから減点されるという方式である。減点されてうれしい人間はいない。この当たり前のことが分かっていない経営者が多いのである。

減点主義だと、積極的に仕事に取り組んで失敗するより、何もしないほうが点数は高くなってしまう。ペーパードライバーが運転せずにゴールド免許を持っていることを自慢し、社会も評価する。それを会社の中で真面目にやっているようなものだ。

絶対に「加点主義」が良い。加点主義では、スタート時点では0点。そこからさまざまな課題に意欲的に挑戦することで点数がプラスされていく。何もしなかったり、指示されたことだけをやっていたりしたら、いつまでも0点のままだ。

ガードナーも当然加点主義である。それどころか、その年に最も失敗した人に「大失敗de賞」として5万円を与えている。失敗した本人はたいがい失敗した理由が分かっているので、叱る必要はない。大失敗de賞はイエローカードみたいなものだ。

約束を守ることで社員のやる気を引き出す。

サラリーマン時代のこと。決算が終わったあとに、来期の給与や査定の話があった。そのとき、社長に直談判しに行き、「来期これだけやりますから、給料をこれだけ上げてください」とお願いした。

社長は「分かった、そうしよう」と言ってくれたが、実際にはその約束が守られなかった。約束が守られなかったとき、社長からは「ほかの社員とのバランスを考えると、お前の給与だけを1000万円にはできないんだよね」と言い訳された。私は頭にきて、それから半年ほどストライキして、仕事をしているふりをしてサボり続けた。

約束が守られないと、やる気がなくなってしまう。これは経営者として絶対にやってはいけない。当たり前すぎるが、約束したらそれを守るべきだ。

キャンピングカー勤務をしたいなら

経営者側は社員に、報酬体系について具体的に示す必要がある。「君の給料はこれで、今の売上がこれぐらいだから、これぐらい売上をアップしたら、給料をこれだけ払うよ」と。「頑張ったら給料アップするよ」と適当に言うのはダメ。

本人が「頑張った」と思っているのに給料が上がらなければ、信頼関係が崩れてしまう。そんな社長を信頼しろと言われても無理だ。信頼できるのは数字と具体的行動しかない。数字をベースに約束し、その約束をきちんと守ることで、初めて信頼が生まれる。

約束の内容はお金だけではない。ポジションや働き方なども含まれる。ガードナーの社員は、「海外で働きたい」とか「オフィスに出社しないで仕事をしたい」とか「日本中を転々としてキャンピングカーで全国を回りたい」といった要望を出してくる。それに対して、「分かった。でもキャンピングカーは1000万円以上するから、これぐらいの成果を出してくれたら買ってもいいよ」と具体的な条件を提示する。

このように、経営者は約束を具体的にし、それを守ることで信頼関係を築いていく必要がある。信頼は数字と具体的な行動によってしか生まれない。

好き勝手に仕事をする人が大好き。どんどん越権行為せよ。

私は好き勝手に仕事をする人が大好きだ。そこには私たちが知らない無限の可能性が秘められている。これと決めたら、バンバン連打していくこと。当たっても連打、外れても連打。連打は楽しく、連打は幸せだ。連打できる喜びが、そこで見えてくるものに大きな価値を与える。

だから出張も好き勝手に行っていいし、出張後の報連相もさせない。もちろん、マイナスのことを報告するのは当然のことだ。しかし、なんでもかんでも報告するのは、その人が責任を放棄しているのと同じ。上司に報告するというのは、責任を上司に渡していること。なぜ、自分自身で責任を持って行動できないのか。理屈は聞かない。責任を持つことが、経営者感覚に近づくための道なのである。だからホウレンソウはダメで、私がホウレンソウをやれ！と言ったらそれは単なる老害である。

越権行為は大歓迎

越権行為も大好きだ。私がサラリーマン時代、好き勝手にいろいろなことをやって、上司からよく「越権行為だ」と批判された。そのために始末書を14枚も書いた。確かに越権行為だったのだが、会社のためになることをやっていたのだから、批判されるいわれはないと思っていた。

そこで今の私の会社では、役員や社員に越権行為を推奨している。役割の範囲外のことも、勝手にどんどんやっていいということだ。もちろん失敗することもあるが、それも歓迎する。リスクを恐れていたら何もできない。リスクを冒して行動し、時に失敗しながら学ぶことで、結果的に大きな成果が得られる。失敗したときの責任は私が取る。

挑戦のシンボルとしての自社ビル

2022年11月、築50年の自社ビルを購入した。通称、GM（ガードナーマフィア）ビル。自社ビルが欲しいわけでも、土地が欲しいわけでもない。ただ、自分たちの大きな目的のために、仕事を楽しみながら拡大するために、どうしても必要なものと考えた。会社は単に仕事をする場所ではなく、そこで働くスタッフにとっては精神的なシンボルでもある。

「誰かの目を気にせず、会社に今日も行きたい」と思っている会社員は世の中にどれだけいるだろうか？　いつでも行けるように会社の近くに引っ越してきたくなる会社が必要なのだ。そうして、家族や友達に話したくなる会社。単に豪華というわけではなく、スタッフが好き勝手にやりたい仕事をやっている。国内だろうが、海外だろうが、自分が活躍できるところへ、好き勝手に出て行く。この「好き勝手」というのが大前提だ。

「もっと強力に好き勝手に」やるには、仲間と助け合いながら、仲良くやらないとできない。自分のためだけの利己的な好き勝手は、お子ちゃまの仕事になるので結果が出せない。大人の好き勝手をバンバンやる。

その結果、その仕事で売上がアップしていく。その分、世の中のためになっている。スタッフもその仕事をやればやるほど、自分の仕事力も人生も向上してくる。また新たなチャレンジに挑む。これこそが私の求める姿だ。

常識を破れば青天井。調子に乗っている人をもっと調子に乗せよう！

会社の中には、数字の調子が良い人がいる。そんな人をもっと応援しよう。「いい調子だね。でももっと行ける！」と声をかけるのである。そうすることで、その人は、もっと調子に乗って常識を破るような成果を出してくれることがある。

実際、会社の中には私が筆で書いた「調子に乗ろう」という言葉が張ってある。それくらい、私は「調子に乗る」という言葉が好きだ。

調子に乗ることの重要性

世間ではよく「調子に乗るな」と言われるが、それはある人の常識の中で生きろという意味だ。しかし、会社の経営でも「経営ってこんなもんだ」と思っていたら、それ以上の会社になれない。

私がサラリーマン時代、包装資材メーカーで働いていたときには、仕入れ原価に2割程度を上乗せして売るという常識があった。しかし、そんな常識は必要ない。常識に縛られている限り、大きな成果を得られない。

中小企業庁の「令和5年中小企業実態基本調査速報」によると、中小企業の売上高経常利益率の平均は4・3%。業種によって目安は異なるが、10%あれば優良企業と言われる。一方、ガードナーの経常利益率は30%を超えている。それは調子に乗っているからだ。常識にとらわれていないから。しかし、もっと行けると思っている。調子に乗れば、成果は青天井なのだ。

天井知らずに儲かるビジネスもある

調子に乗るということは、常識の天井を破って物事を考えること。世の中をじっくり見回すと、「この商売は儲かる」「この商売は儲からない」という違いが分かってくる。例えば、飲食業は儲けるのが難しいビジネスだ。どんなジャンルの飲食でも大きな利益を出すのは困難である。上場している飲食チェーン店の財務諸表を見ても、規模が大きいからなんとか利益が出ているだけで、経常利益率は良くて10％だ。

ラーメン店も同様。店を開くにはスタッフを雇い、店を大きくするにはさらに多くのスタッフが必要だ。おいしいラーメンを作ろうとすると原価率が上がり、インフレなどで原材料費も上昇する。人気店になっても、それほどの利益は出ない。これは薄利のビジネスなのだ。どうしても天井が見えてくる。

一方、天井知らずに儲かるビジネスもある。そんなビジネスで調子が良いときには、もっと行け、もっと行けとさらに調子に乗らせることが大切だ。社員は夜も寝ず、土日も休まずに頑張りたくなるのである。

常識の枠から外れて考えることで、できることがある。常識にとらわれないから自由に考えられる。こんなことはビジネス書には書いていない。実際、ビジネス書はうそだらけだ。常識にとらわれず、調子に乗って青天井を目指すことこそが、成功の鍵なのである。

成功する方法は二つしかない。

ビジネスで大成功するには、二つしかない。この場合の成功とは、小成功ではなく、大成功。

一つは、良いことをする。もう一つは、好きなことをする。

どちらかでも良いから、考えよう。人々を幸せにすることか、それとも自分が死ぬほど好きなことをするか。

生活の手段でやるビジネス？　小金しか儲からない。

家族を犠牲にして成り立つビジネス？　小金しか儲からない。

誰かが持ってきた儲け話？　これは小金しか儲からないか、もしくは大損。

そうではなく、良いことか、好きなことをする。どちらか一つでも成功するが、良いことと、好きなことが重なっていれば、大成功につながる。

実は、好きなことをしていると、結局は世の中のためになっていく。過去の歴史を見ても、松下幸之助、本田宗一郎、永守重信（日本電産〈現・ニデック〉創業者）、音楽家、プロスポーツ選手、喜劇役者、鉄鋼王、石油王……、いずれも好きなことばかりして、結局人の役に立った。

もちろん誰も最初からはうまくいかない。しかし、彼らはみな、そのビジネスが好きで好きでたまらないと感じていた。どんなビジネスをしようか迷っている読者に、吉田松陰のこんな言葉を贈る。

「得手に時を注ぎなさい。なぜならば人生の時間は短い」

自分が成功したいなら、人の成功を喜ぼう。

成功したいならば、他人の成功も心から喜ぶことが大事。例えば、友達が成功したときに「おめでとう、よかったね！」と心から喜べる友達こそ、真の友達だ。一方で、「なんかズルでもしたんだろう」とか「それくらいじゃ成功してないよ」などと批判する人は友達とは言えない。

こんなふうに他人の成功を妬む人たちは職場でも見かけるが、そのような態度はモラルを低下させる。逆に、全力で他人の成功を祝う人がいると、職場全体のモラルが高まる。前に、スキルとモラルで採用する人を選ぶという話をしたが、他人の成功を祝える人はモラルの高い人だ。

幸せのブーメラン現象

他人の成功を祝うことや、他人に何かを与えることは、自分の人生を豊かにする大きな要因である。「これ、あなたに良いと思って」と物を渡したり、親切な行動を取ったりすると、そのポジティブなエネルギーが再び自分に返ってくる。与えること自体が喜びとなり、幸福感を高める。実際に、人に物をあげることが習慣になっている人は、経済的にも豊かであることが多い。それは、人の役に立ちたい、喜んでもらいたいという思いが回り回って自分の元に戻ってくるからだ。

私自身もかつては人の成功を妬んでいた。サラリーマン時代には会社からたたかれ、上司から嫌われ、多くの愚痴を聞かされた。私も同僚相手に飲み屋で上司の愚痴を言い、心の中で同僚の成功を妬んでいた。しかし、「喜んだほうが自分も相手も気持ちが良い」と考えを改め、人の成功を喜ぶようになってから、次第に自分にも成功が巡ってくるようになったと感じている。

成功したいならば、まずは他人の成功を心から喜んであげよう。そうすることで、ポジティブなエネルギーが巡り、自分の成長や成功につながる。人に与えることや、他人を祝うことは、自分の人生を豊かにし、成功を引き寄せる大きな力となる。

人の成功を喜ぶと脳がニュートラルになる

人の幸せを本気でお祝いすると、なんだかうれしくなって、気持ちが良くなる。気持ちが良いと頭がニュートラルになり、回転が速くなる。その結果さまざまなアイデアが出てくる。逆に、心配事があるとアイデアは出てこない。朝から配偶者と大喧嘩すると、その日一日頭がうまく回らないのと同じだ。

ニュートラルで気持ちの良い状態を、自分で作ることが大切。これは自分次第であり、今この瞬間から良い状態を作れる。

人の成功を喜ぶだけでなく、褒めることも大切。日本の企業文化では、褒める習慣があまりない。しかし、これを変えていくべきだ。上司は部下に対して「よくやった」と認め、部下は自分自身を「よくやっている」と肯定することが大切だ。褒める文化は、職場のモラルを高め、全体的なパフォーマンスを向上させる。

自分自身の成功・成長を祝うことも大切である。例えば私は、パワーリフティングでバーベルの重量をわずか250gプラスできただけでも、「やった！」と大げさに喜び、好きな酒を飲んでおいしい料理を食べてお祝いする。そうすると、「成長すること」と「気持ちいいこと」が脳内で直結する。

「少しでも成長すると、気持ちいいことが待っている」と脳が覚えて、どんどん成長していける。お祝いの習慣を実践することをおすすめする。「これくらいじゃ喜べない」などと考えず、少しの成長でも、全力で喜ぶようにしよう。

失敗や負けを楽しもう。好きなことなら負けた試合も楽しめる。

スポーツや武道を始めたばかりの頃は、ほとんどの人が負け続ける。強い先輩に挑んではコテンパンにやられることも多いだろう。しかし、負けたからといってそれが嫌になるのは、もともとそのスポーツや武道が好きではない証拠だ。

釣りも同様。釣れなかったからといって嫌になる人は、釣りが本当に好きではないのである。アメリカのカジノに行く人々の多くも負けるが、それでもまたカジノに戻ってくる。もし勝った人だけがカジノに来るのであれば、カジノは成り立たない。実際には皆負けているのに、それでも十分に楽しんでいるのだ。そして、どんなに負けても楽しかったらまた戻ってくるのである。

楽しければ、十分に元が取れる

アメリカのカジノには面白いジョークがある。「ラスベガスに行くときはキャデラックやリンカーンのフルサイズカーで行くんだ。でも、家に帰るときはもっと大きな車で帰るんだ……その大きな車とはバスさ」

これは道楽の一例である。例えば、女好きの男性は女性に振られても、また次の女性のもとへ行く。振られたからといって嫌になってやめる人は、本当に女好きではない。たくさんプレゼントし、ご馳走し、時間を使っても何の見返りもなく逃げられてしまう。しかし、それでもやめない。好きだから。

勝った試合は誰だって楽しいものだ。では、負けた試合をどう思うか。負けた試合をどれだけ楽しめたかで、そのスポーツが本当に好きかどうか分かる。

最終的には、仕事を道楽にした人が幸せになれる。うまくいかなかった仕事をどれだけ楽しめるかが重要である。楽しければ、それで十分に元が取れている。そして、性懲りもなく次の仕事、また次の仕事にトライしていくことで、最終的には本当に勝ってしまうのである。

サラリーマン経験ものちに生きる。

私には子どもが2人いる。長男は35歳、次男は33歳。今は2人とも私の会社で働いていて、長男はガードナー、次男は釣り具のギアラボに所属している。

最初は一緒に働くつもりはまったくなく、「絶対お前たちと一緒に仕事はしない」と言っていた。子どもたちも「オヤジと一緒に仕事なんて冗談じゃない」と思っていたようで、それぞれ別の会社でサラリーマンをやっていた。

ところがあるとき、「お前たちの会社に尊敬できる先輩や上司、社長はいるか?」と聞いたところ、2人とも「全然いない」と答えた。そこで、「それなら辞めろ」と言った。尊敬する人がいない職場で働くくらいなら、アルバイトのほうがまだまし。そう言ったら本当に2人とも辞めてしまった。

会社勤めすれば給料をもらえるありがたみが分かる

その後、彼らを海外に行かせた。ロサンゼルスやフィリピンに行って、英語を覚えてこいと。しばらくして帰ってきた彼らに、私も忙しくなってきたので手伝わせることにした。そうしたら、いつの間にか会社に落ち着いてしまったのである。

結果的にこれが良かったと思っている。最初から自分の会社に入社させていたら、彼らは苦労も努力もしなかったかもしれない。外の世界を知って、面白くない会社もあることを経験したのは良いことだった。世の中には面白くない会社がほとんどだから。

独立起業するにしても、社会での経験は貴重である。私自身もサラリーマンの経験があるが、会社員として働くことにはありがたみを感じている。真面目に働いていれば、成績が良くても悪くても、毎月きちんと給料がもらえ、休みもある。サラリーマンのありがたみを知ってから独立するのと、何も知らずに独立するのでは大きな違いがある。これは大事なことだと思う。

価格競争ではなく価値競争に力を入れる。

企業は価格競争に力を入れてはいけない。価値競争を行い、感動を創造することに集中すべきだ。そうでないと、自然のおきてによって市場から消されてしまう。価値の競争を徹底的に行うことが私たちの使命である。そう考えると、ビジネスは楽しくなる。

価格は経営の中でも非常に重要な要素である。しかし、中小企業が大量生産して安く売ることは絶対に避けるべき。それよりも、本当に良いものを作り、それを高く売ることが重要だ。

安売りして利益が出ないのでは、楽しくない

安売りは簡単な差別化手法だが、それは自らを価格競争に陥れることになる。結局、利益を削って販売することになり、経営がどんどん苦しくなってしまう。特に飲食店では安売りをしがち。しかし、安売りは自らの首を絞めているのと一緒。価値で勝負する方針に転換しなければならない。

もし、価格競争で勝とうとするなら「技術の革新」プラス「利益の確保」が必須である。この両方をきちんと行わないと、価格競争に勝てない。技術の革新をまったく行わず、利益も確保しないまま安売りを続けると、売れずに経営がうまくいかない企業が多いのである。

私の会社の近くには、2軒の八百屋がある。一つは非常に安い店だが、あまり売れていない。もう一つは少し離れたところにあり、価格は安くないのに売れている。その店は新鮮で良い野菜を売っていて、近くの大型スーパーよりも売れている。「あそこの八百屋の商品は良い」という評判が広まり、口コミが売上につながっている。こうしたビジネスモデルが理想。安売りして利益が出ないのでは、ビジネスも楽しくない。

アメ車は営業車であり福利厚生。

ガードナーの営業車は、真っ黒な高級アメ車である。シボレーのコルベットＣ８という高性能スーパーカーで、６２００ccという大排気量のＶ８エンジンを積んでいる。

空港や駅に、お客さんをお迎えするときにこのアメ車でお迎えするとお客さんは当然ビックリする。車中で話す提案も、お客さんは意欲をもって近づいてくれる。営業効果が大きく発揮できるのが高級アメ車なのである。

高級アメ車は社員の福利厚生に大きな効果もある。高級アメ車に乗って営業に行ったり、取引先に行ったりすれば、運転するだけでも楽しいし誇らしい気分になれる。

ほかにも社宅、保養施設、報奨制度など、社員の豊かな人生をサポートしていくために、福利厚生制度を充実させている。

しかし、本当に素晴らしい福利厚生は、本人の能力を高める機会を提供することであると考えている。仮に会社を辞めても、よそで十分通用する能力を身に付けてもらうことこそが、私の求める理想の福利厚生である。

「運」こそが本当の実力。

運が良いというのは、「出会い」そのものである。よく「運も実力のうち」と言うが、これは間違っている。「運こそが本当の実力」である。ここはとても重要なポイントだ。運の良い人には運の良い人が集まってくる。これこそが宇宙でいちばん強い引き寄せの法則だ。

運の良い人に、人は引き寄せられる

焼き鳥屋で焼酎片手に世の中の批判や会社の悪口、奥さんの悪口を言って愚痴をこぼしている人には、運の良い人は決して近づいてこない。運の良い人の熱意や情熱、執念、感謝の心、感動する心は、同じ熱意や情熱、執念を持つ人に引き寄せられる。

これが重要で、どんなに素晴らしい才能があっても、運がなければ才能は開花しない。逆に、素晴らしい才能が運の邪魔をすることもある。そのきっかけとして、出張や旅は素晴らしい出会いをもたらしてくれる。とにかく動くことが大切だ。

私自身の経験では、空手に出会ったこと、海外に行ったこと、ビジネスで師匠に出会ったことが、私を成長させてくれた。これらの出会いがなかったら、どうなっていたかと考えると恐ろしい。

たんぽぽの種が風に乗って飛ばされるように、運の良い出会いがあれば、成長のチャンスが生まれる。運こそが実力であり、だからこそ動くことが重要なのである。

運が良い人の特性

運が良い人は、「人からどう見られるか」ということの重要性を理解している。運が良い人はプラス思考の人間としか付き合わないため、「あいつは優秀だ」と認められることが重要だ。実際の実力よりも、優秀だと思われることが運を引き寄せる。

仕事で失敗して心が落ち込んでいても、表面では元気いっぱいに振る舞うことが重要。私もどん底に落ち込んだ経験があり、その中で学んだ。大切なのは、本当の実力よりも自分をどう見せるかということ。それによって周りの評価が変わり、「あの人にならせられる」「あの人と仕事がしたい」と思われるようになる。

「実際の中身がないとダメだ」という意見もあるだろう。しかし、いくら中身（実力）がある人でも、周りからその中身を認めてもらえない限り、人は集まってこない。

とはいえ、無理に自分を変える必要はない。「周りからどう見られたいか」を考えるだけで、自分の見え方は変わっていく。

個人の仕事能力が高くても、人間力のある人にはかなわない。人望があり、徳のある人に人が集まる。信頼と尊敬を得て、損得勘定抜きで付き合いたいと思われる人に、人は自然と集まる。謙虚で威張らず、人を見下さない人に人が集まるのは当然のこと。この当たり前のことを理解していない経営者は意外に多いのである。

最近、ガードナーの運気はますます上がっている。これは意図的に行っていることである。社員にアメ車やハーレーに乗ってもらい、旅を楽しんでもらい、会社に行きたくなるようなオフィスをデザインしている。みんなで人間的なレベルアップを目指している。そうすることで、人が集まり、出会いが増える。

人からどう見られるのかを意識し、それを実践することで、運気が上がる。ガードナーの運気が上がらないわけがない。

才能より大切なのは後天的能力。

私は長年にわたり、空手とパワーリフティングに取り組んできた。一応、両方とも全日本選手権には出場したが、その競技における才能があまりなかったと自覚している。しかし、最近では才能というものがそれほど重要ではないと感じている。学生の頃から才能がある人はいたし、今でも才能がある人は存在するが、私にとってはそれが取るに足らないものだと感じる。

私自身、才能がなかったからこそ仕事に対して真正面から向き合えたと感じている。才能がないからこそ、自分自身が少しずつ強くなれた。もし私に才能があったら、仕事や人生に対して中途半端な姿勢になっていたはず。

重要なのは才能ではなく、後天的な能力である。その能力は自分自身で作り上げるものであり、自分が唯一の味方であることが大切である。もっと言えば、自分だけは自分自身を味方にし、自分を大切にすることがとても重要なのである。

「預金残高」よりも「信頼残高」。

「預金残高」よりも「信頼残高」が大事。

信頼とは、自分が相手に気を許すことであり、相手から信頼されるということは、新たな仲間が一人増えることを意味する。

会社組織の中でも、先輩に好かれて後輩に嫌われる人間は信用できない。一方、後輩に好かれて先輩に嫌われる人間こそ、本当に信用できる人である。

人生の中で仲間と楽しみたいなら、まずは困ったときに助けてあげたり、相談に乗ったり、心配してあげたりすることが大切である。さらに、相手に何も期待しないことが重要だ。

信頼は自分で積み重ねていくもので、明るく、素直に、心を開き、誠実に、隠し事をせずにいると積み重なっていく。お客さんは、自分が信頼する会社に手を貸したいと思っている。なにかを買うなら、自分が信頼する会社から買いたいと思うのが人間。だから、「信頼＝ブランド」なのである。

公私混同することは正しい。

私はよく「公私混同しなさい」と社員に言っている。会社のお金と、自分のお金を、同一に考えなさいという意味である。

「会社のお金は自分のお金、自分のお金は会社のお金」という感覚を理解することが重要だ。もちろん、会社のお金は自分のお金だけだと単なるドロボウだ。自分の財布と会社の財布が同じだと感じられたら、無駄なお金を使う人はいなくなるだろう。

例えばあるとき、社員が市場調査のために他社製品をたくさん購入してきたことがあった。私はその社員に「君が自分で事業をするとして、自腹を切ってその商品を買うか」と質問したら、彼は「買いません」と答えた。それなら会社のお金で買ってもダメだ。「会社の金は自分の金、自分の金は会社の金」と考えるというのはそういうことだ。

マーケットインではなく、徹底したプロダクトアウト。

新製品を作り出すための市場調査の効力は無に等しいと言える。消費者は評論家であり、企業は作家であると考えたとき、その作家が評論家にアイデアを求めるなら、その志は極めて低いものとなるだろう。

マーケターがよく使う「マーケットイン」という言葉があるが、そんな低い志で仕事をしたくないし、それでは大きな成功は得られない。

マーケットインの発想には限界がある

「マーケットイン」とは、消費者のニーズや市場の要求に応じて商品を開発する手法を指す。しかし、これは消費者の声に過度に依存し、独自性や革新性を失ってしまう危険性がある。例えば消費者にヒアリングをしたところで、彼らはあくまで現在の欲望や不満をもとに意見を述べるため、その意見に従って製品を作ると、ありふれたものになりがちだ。結果として、市場に埋もれる製品が生まれてしまうことが多い。

一方で、「プロダクトアウト」とは、企業自身の視点や理念に基づいて商品を開発する手法だ。自分たちが本当に作りたいもの、提供したい価値を中心に据えて製品を生み出せる。

このアプローチは、独自性や革新性を発揮しやすく、結果的に市場で突出した存在となる可能性が高まる。もちろん、プロダクトアウトにはリスクも伴うが、そのリスクを乗り越えた先にある成功は、計り知れない価値を持つ。

プロダクトアウトが真の革命を起こす

重要なのは、人間そのものに対する見方や感じ方を研ぎ澄ますこと。市場を完全に無視するわけではないが、それに振り回されず、自分たちのビジョンを貫くことが求められる。例えばスティーブ・ジョブズのような革新的なリーダーは、消費者が求める前に彼らのニーズを予測し、それを超える製品を提供してきた。彼のアプローチは、まさにプロダクトアウトの成功例と言える。

　私たちの使命は、自分たちが唯一無二で魅力的だと感じる製品を生み出すこと。売れるから売るのではなく、納得できる製品を提供することが大切だ。これは、企業のアイデンティティやブランド価値を守るためにも重要である。消費者に対しても、自分たちの信念や価値観を伝えることで、より深い信頼関係を築ける。

　世の中の動向を感じ取りながら、徹底したプロダクトアウトをする。そうしなければ、真の革命を起こすことはできない。これから新しい製品・サービスを開発しようと考えている人は、ぜひプロダクトアウトの発想に取り組んでみてほしい。

お金は人生を変えるために使う。

私は自分の人生を変えないことにはお金を使わないと決めている。「これを買うか買わないか」と迷ったとき、その判断基準は、そのものを買ったことによって自分が生まれ変わるかどうか。

安いからという理由でモノを買っても、自分は生まれ変わらない。逆に高級品だとか、ブランド品だとか、かっこいいとされるモノであっても、自分の人生が変わらないものにお金は使わない。理由は、安くても高級品であっても、それが退屈だから。

フェラーリやランボルギーニは私にとっては退屈な車。なぜなら、それらを買っても私の人生は何も変わらないからだ。

つまり、私が重視するのは、購入するものが私の人生にどれだけの影響を与えるかということ。人生を変えるようなインパクトのあるものでなければ、お金を使う価値はないと考えている。この基準に従うことで、私は本当に価値のあるものだけに投資し、充実した人生を送れるようになる。

ミッションを持っている人は頑張れる。

経営者やリーダーには、ミッション、ビジョン、パッションが必要だと言われるが、最も重要なのはミッションである。素晴らしいミッションがあれば、明確なビジョンが生まれ、強いパッションも湧き上がってくる。ミッション（大義、志）を持った人は頑張れるものだ。

私たちはそれぞれ、心の中で遠い行き先を見つめている。その道しるべがミッションだ。そして、そこにどうすればたどり着けるか、どういう手段で到達するかという具体的計画がビジョンである。

「どうも最近、自分自身に情熱を感じない」という方は、ミッションがないか、あるいは忘れてしまっていないか、もう一度振り返ってみてほしい。ミッションを持った人は、頑張れる。その結果、楽しめるのだ。

ミッションを、ここでは、個人の「志」として考えてみよう。どうやったらミッションを見つけられるのだろうか？　それは以下の三つの要素が重なる部分にある。

①情熱をもって取り組めること（好きなこと）
②世界一になれること（得意なこと）
③経済的原動力になること（何か人のためになること）

実は私もこの三つが重なるところにいる。①と②は何の努力もなしに見つかった。しかし、③は最初からではなく、ビジネスを懸命にやっているうちに、自然とそうなってきた。この三つがそろったとき、世界を狙いたいと感じるようになったのである。

人生があと1年で終わっても後悔しない。

人生にも納期がある。もし人生があと1年で終わるとしたら、この1年間をどう過ごすか？

旅に出たい？　家族と楽しく過ごしたい？　恋人と過ごしたい？　趣味をとことん楽しみたい？　美味しいものを食べ歩きたい？　会いたかった人に会いに行きたい？　それとも、今の仕事をもっと頑張りたい？　欲しかったものを買いたい？

一度しかない人生、しかもそれがあと1年で終わるとしたら、やらずに後悔するよりも、やって後悔したほうが良い。

そう、行動あるのみ。自分のわがままを絶対にやるべきである。人生の意味を探すだけで、人は幸せになれる。もう一度言おう。二度とない人生、この1年をどう過ごすか？

やりたいことをやってほしい。それは今。Just Do it! Now!

「今日が人生最後の日だとしたら、あなたがやっていることは本当にやりたいことか？」

――スティーブ・ジョブズ

この問いを常に心に留めて、限られた時間を最大限に活用しよう。今、この瞬間を大切にし、自分の心の声に従って行動することが重要だ。人生は短いから、後悔しないように生きるべきである。

PART

3

あえて常識の外に身をおくことで、未来は無限に広がっていく

「真剣にふざける」思考法にはあらゆる可能性が眠っている！

これからの時代に重要になってくる「ふざける力」。

これからの時代、企業は何を追求すべきか？　私は「遊び」だと思っている。従来のビジネスモデルでは、仕事の中にこそ成功の鍵があるとされてきた。「この塗料を使えばもっと効率的に塗装できる」「この方法で水処理すれば特許が取れる」など、仕事の中にこそ新たなビジネスチャンスが眠っていると考えられてきたのである。

しかし、現代は急速な技術革新と情報化社会の進展により、人々のライフスタイルや価値観が大きく変わってきている。物質的な豊かさはすでに多くの人に行き渡り、今求められているのは精神的な豊かさ、つまり「快適な余暇の過ごし方」である。人々は、より豊かで、より楽しい人生を送ることを求めている。つまり、「遊び」が仕事になる時代が到来したのである。

真のチャンスは「遊び」のなかに

多くの企業が行き詰まっているのは、いまだに仕事の中にチャンスを見いだそうとしているからではないだろうか。しかし、真のチャンスは、まだ開拓されていない「遊び」という巨大な市場に眠っている。仕事の中で生まれる発想と、遊びの中で生まれる発想はまったく異なる。

例えば、当社の「ルームシャンプー」は仕事の中から生まれた発想といえる。一方、当社の「ガードナーベルト」をはじめとするほかの製品は、遊びの中から生まれたもの。だからこそ、私たちは遊び半分ではなく、「一生懸命に遊ぶ」ことを大切にしている。

遊びの時代に勝ち残るために、私たちが必要としているのは「ふざける力」である。そのためには、土台となる「明るさ」が不可欠。明るさを表すのに最も効果的なのは、笑顔であること。より具体的にいえば、口角を上げることだ。

「真剣にふざける」の土台はいい笑顔

私は、マクドナルドの成功の秘訣は「スマイル0円」にあると考えている。味はモスバーーガーのほうがおいしいと個人的に思っているが、多くの人に愛されているのはマクドナルド。その秘訣は、店員さんの笑顔があるからだろう。

私の行きつけの味噌《みそ》ラーメン屋にも、実に素晴らしい笑顔の店員さんがいる。ラーメンの味もさることながら、彼女の笑顔を見るために通っていると言っても過言ではない。

笑顔には人を惹きつける力がある。私の会社には多くの人が訪れてくれるが、それはおもちゃ箱のようなグッズの数々やユニークな装飾に惹かれたからだけでなく、社員の笑顔を見て、雰囲気の良さを感じ取ってくれたからだろう。笑顔という土台があってこそ、「ふざける」ことも意味を持つ。

一日中、口角を上げて生活してみてほしい。人間関係が円滑になるだけでなく、会社の雰囲気も良くなるなど、良いことずくめのはず。笑顔には計り知れない力がある。笑顔の重要性は誰もが分かっているはずだが、実行できている人は多くない。ぜひ、日々の生活の中で、意識して笑顔を心がけてみてほしい。きっと、人生が好転するはずだ。

知識には限界があるが、想像力は無限。

「想像力は知識よりも重要だ。知識には限界があるが、想像力は世界を包み込む」

これは、かの有名な物理学者アインシュタインが残した言葉として知られている。現代社会でも色あせることのないこの言葉は、私たちに「想像力」の持つ計り知れない可能性を改めて認識させてくれる。

現代社会では、とかく「知識」が重視される。受験戦争を勝ち抜き、一流大学に入学し、大企業に就職する。こうしたエリートコースを歩むためには、膨大な量の知識を詰め込むことが求められる。

しかし、アインシュタインの言葉が示すように、知識には限界がある。限られた範囲の情報をどれだけ詰め込んでも、それはあくまでも既存の枠組みの中での話に過ぎない。

一方、「想像力」には限界がない。知識や経験にとらわれることなく、自由な発想で、まだ見ぬ世界を創造していける。もちろん、知識と想像力の両方を兼ね備えていることが理想だ。しかし現実には、どちらか一方に偏っている人がほとんどではないだろうか。それでいいし、どちらかといえば想像力のほうが大事だと私は思っている。

五感をフル活用して想像力を磨く

では、「想像力」はどのようにすれば育めるのか？ 例えば、子どもの頃みたいに、ボーッと空想してみるのもいいかもしれない。子どもの頃、何気ない風景を眺めながら、「あの雲はまるで巨大な綿菓子みたいだ」「もしも、空を自由に飛べたらどんな景色が見えるだろう？」といった具合に、想像力を膨らませたことがあると思う。

そんなふうに大人になった今だからこそ、子どもの頃のように純粋な気持ちで、自由に空想の世界に浸ってみよう。日常の些細なことから非現実的なことまで、どんなことでも構わない。頭の中に広がる自由な世界を楽しむことが、想像力を育む第一歩となる。

ホームセンターに行ってみるのもいい。まさに「アイデアの宝庫」と呼ぶべき場所だ。ありとあらゆる材料や道具がそろっており、見ているだけでもワクワクするような空間が広がっている。ただし、自分の好きなことにフォーカスすることが大切だ。自分の好きなことにフォーカスを当てて想像力を働かせればいいだけ。「〇〇したい」「あれを作りたい」というようにアイデアがどんどん湧き出てくる。

五感を刺激することも、想像力を育むうえで非常に効果的だ。例えば、旅行に出かけて、実際にその場に行って、見て、触れて、五感をフル活用することで、より鮮明なイメージを頭に描ける。

時にはパクリもあり！

「自分にはそんな突拍子もないアイデアは思いつかない」という人もいるかもしれない。そんなときは、「パクリ」から始めてみるのも良い。ただし、ここで言う「パクリ」とは、単なる模倣ではない。単なる模倣は他人の権利を侵害するだけ。そうではなく、ほかの製品やサービスの良い部分を参考にしながら、自分なりにアレンジを加え、さらに良いものを作っていくという姿勢である。

例えば、私の会社では、近々、ニューヨークのあるコーヒーショップの上に設置されている巨大なピンクの木のモニュメントを「パクる」予定だ。もちろん、ただ単に模倣するのではなく、本家よりももっと大きく、もっと素晴らしいものを作る予定である。このように、「楽しいパクリ」「役立つパクリ」はどんどんやっていくべきだ。

「パクリ」は決して恥ずべきことではない。むしろ、「パクリ」を通して、さまざまなものから学び、自分自身の想像力を高めていくことが重要なのである。知識の重要性は言うまでもないが、真に新しい価値を生み出すためには、想像力が不可欠。日頃から意識的に想像力を働かせ、世界を広げていこう。

「真剣にふざける」の真意。

さて、『真剣にふざける』というふざけたタイトルのこの本も、まもなく終わりに近づいている。この本のテーマである「真剣にふざける」について、なんとなく理解していただけただろうか。「まだ分からない」という人もいるかもしれない。

再度、解説を試みよう。「真剣にふざける」とは、「えっ、こんなことを仕事にしていいの？」と思えるようなことに、本気で取り組み、本当に仕事にしてしまうことだ。

楽しくなけりゃ仕事じゃない

例えば、バイクいじりが趣味の人が、趣味の延長で、改造したバイクを売るビジネスを始める。それも「真剣にふざける」の一種。私だって釣り具からビジネスを始めた。釣りが好きだったから、プロでもなんでもないけれど、釣りを仕事にした。それでいい。私の仕事は全部遊びがテーマで、アウトドア、料理、ゲームも含めた通信、釣り、バイク、旅、みんな遊びにつながっている。

ガードナーの仕事だって、外から見たら、「あの人たち、なんかふざけているみたいだけど、あれ仕事なのかな？」と思われるかもしれない。防犯機能搭載のアタッシェケースとか、闘える傘とか、エアガン用の的とか、よく分からない製品ばかり作っているから。それでもきちんと仕事として成立している。

「これが仕事になるの？」と思うようなものでも、仕事になる。それが好きで好きでたまらないことなら、きっと共感してくれる人が現れるはず。今まで熱中して遊んだこと、好きなことを思い返してみてほしい。

好きな分野の仕事をしていると、従来の仕事の感覚とは全然違うことに驚くはずだ。「頑張る」「つらくても耐える」みたいな感覚はまったくない。オンもオフもなく、24時間365日、仕事したくなる。

私と一緒にハーレーをカスタムするビジネスに取り組んでいる友達は、「単なる趣味で一生懸命やっていただけなんだけど、まさかこれが仕事になるとは思わなかった」「これが仕事でいいの？」と喜んでいる。65歳のおっさんたちが大喜びしている。私は「楽しくなかったら仕事じゃねえよ」って答えている。

社会問題になるシングルマザーの貧困

「真剣にふざける」がモットーの当社だが、「ふざける」よりも、ちょっと「真剣」寄りのビジネスにも取り組んでいる。シングルマザーに活躍してもらうための会社だ。

私は社会のためになることを何かやりたいと思い、刑務所出所者や少年院出所者の就労や教育を支援する団体の一員として、この数年活動してきた。ただ私は、SDGsとかCSRとかコンプライアンスとか、そういう言葉が大嫌いなもので、管轄している法務局とも意見が合わないことが多い。そこで、何かほかに世の中のためにできることはないかと考えていて、思いついたのがシングルマザーを中心とする会社である。

この会社を作ろうと思った背景の一つには、社会問題となっているシングルマザー世帯の貧困がある。厚生労働省が2016年に実施した「平成28年度全国ひとり親世帯等調査」によると、ひとり親世帯の貧困率（相対的貧困率）は50・8％であり、全世帯の15・6％

と比べて約3・2倍高いことが明らかになっている。さらに、ひとり親世帯のうち母子世帯に限ると、その貧困率は56・3％に達する。

例えばひとり親家庭で子どもが熱を出すと、仕事を休まなくちゃいけない。パートとして時給で働いている人は、ただでさえ低い収入なのに、休むことでさらに収入が減り家計が厳しくなる。シングルマザーの半分が貧困層になってしまうのはそういった理由もある。家計に問題のないシングルマザーもいるが、昼の仕事に加えて夜の仕事までやっているというケースが多い。しかしそれでは長時間労働になってしまい、健康面で大きなリスクだ。

シングルマザー当事者や周りの人に話を聞くと、やはり仕事と育児との両立は非常に大変だと実感させられる。毎日の食事を用意するのも大変だという人もいる。子どもに食事を与えて、お母さんはダイエットと偽ってほとんど水だけ飲んで過ごしている、という人もいる。子どももお母さんに気を使って、「学校で給食をおなかいっぱいに食べたから、夜ご飯はいらない」という状況もあるそうだ。学校で履く上履きに穴が開いているのに、親を気遣って言えないとか、そういった貧困家庭が世の中にたくさんあるのだ。貧困家庭の子どもの食事を支援しようと、子ども食堂が最近増えているが、世間体を気にして利用できない人もいるようだ。

人手不足や政治不安のリスク回避にもつながる

そのようなシングルマザーの貧困家庭をどうにかしてあげたい。加えて、もう一つの社会問題である人手不足も解消できないか。そこで考えたのが、シングルマザー中心の会社だ。具体的には、縫製工場を作ろうとしている。

縫製工場というと、今ではほとんど国内になく、もっぱら東南アジアにあるのが普通。しかし、円安の影響もあって、東南アジアに縫製工場を持つことが必ずしも有利とはいえなくなってきた。

また、中国経済が傾きかけていることや、中国と近隣諸国との政治的不安も心配だ。東南アジアからの物流は必ず台湾海峡を通るので、中国と台湾の政治的緊張が高まると物流が途絶える可能性がある。そうすると日本国内の製造業も大変な混乱に陥る。衣料などの縫製がかかわる企業も例外ではない。

当社の主力製品であるガードナーベルトの生産数は、月間2万本以上を中国などの海外工場で作っている。これらが中国リスクで全部アウトになる可能性があるということである。そうすると、当社の存続も危うくなってしまう。

国内に縫製工場を持つことは、こうしたリスクを回避することにもつながる。縫製工場を作り、シングルマザーを雇い、ガードナーベルトの縫製をやってもらおうというわけだ。すでにガードナーにも3人のシングルマザーがいるが、彼女たちはめちゃくちゃ働き者。本当に驚くほど働く。その理由は、もちろん子どもを養うためだ。シングルマザーはよく働いてくれる貴重な労働力といえる。

子育て世帯が安心して働ける環境をつくる

私の会社はファブレスメーカーなので設備を持たない主義なのだが、縫製工場なら業務用ミシン（1台130万円）を何台か購入すれば始められる。そしてまずは10人くらいのシングルマザーを雇用するところから始めている。

技術の習得に関しては、ベテランの職人を指導員として連れてくる。国内の縫製工場がどんどん閉鎖されるなかで、熟練の職人が辞めつつある現状もある。そういった職人にお願いして指導に来てもらい、シングルマザーを一人前の縫製職人に育ててもらう。これは技術の継承にもつながる。

シングルマザーを雇うときの懸念点は、子どもの病気。熱が出た、風邪を引いたといって、仕事を急に休まなければならないときが必ずある。そこで新しく作る会社では、誰かが休んだら、周りのみんなで補い合う仕組みをつくろうとしている。具体的には、マニュアルを作ったり、トレーニングをしておいたりするということである。

シングルマザーのお子さんに加え、当社の社員・パートさんのお子さんも一緒に預けられる託児所もつくる。子ども食堂も併設したいと考えている。とにかく、シングルマザーや子育て世帯に安心して働いてもらえる環境をつくっている。

改めて「真剣にふざける」

世間ではよく「ふざけていないで真面目にやりなさい」と言われるが、私は「ふざける」と「真面目」は対立するものではないと思っている。

私がＳＤＧｓやコンプライアンスといった言葉が嫌いなのは、それらの言葉にまごころが感じられないから。「それさえしておけばいいだろう」という形式的な態度が透けて見えるから。そんな形式的な姿勢ではなく、熱い思いを持って取り組むことが重要だと考えている。

私たちの「真剣にふざける」という理念には、形式的な真面目さを超えた、深い人間性と情熱が反映されている。「ふざける」という行為には、単におちゃらけるだけではなく、物事に対する情熱や探求、人への優しさ、温かみといった思いが込められている。世の中で言われる「真面目さ」には、こうした人間味が欠けているのではないだろうか。

だからこそ、私たちは「真剣にふざける」を掲げている。これは、情熱とまごころを持って人と接し、仕事に取り組むことの大切さを示している。私たちはこの理念を通じて、真の意味での人間味と情熱を持った仕事を実現したいと考えている。

私の会社はブラック企業。そう、ブラックでいい。

世間では、自分の会社を「ブラック企業だ」と愚痴る人はいる。そんな社員はたいてい仕事ができない。仕事ができないから、会社から命令されて動くしかない。だから嫌な仕事ばかり回ってくる。面白くない仕事ばかりしているので、「ブラック企業だ」と他人のせいにする。そんな悪循環にはまっているのだ。

そのような人はたいてい、小利口で、論理的思考能力が高い場合が多いようだ。自分は動かないで屁《へ》理屈で会社批判をする人。だから一見、仕事ができそう。しかし実際にはできない。

数字を見れば一目瞭然。数字を出せる人は会社に認められ、社会に認められ、自分のやりたい仕事が回ってくるので会社を批判する必要はない。ガンガン働いて成果を出している人は、ブラック企業なんて批判を言わない。むしろ、仕事ができない人からブラック企業と言われるのは誉れなことである。

真のブラック企業を目指す

ガードナーの会社案内には、こんなコピーが書かれている。

「タブーを破り常識を揺さぶり、情熱と狂気の罪深き会社。

Sin Black Company

世界一自由な会社。クレイジーな会社。あやしい会社。好き勝手に動くチーム。

仕事は大道楽。その道楽は世界にスケールできるか？」

Sin Black Company の Sin とは、「罪深い」という意味である。そして「Black Company」だから、ブラック企業。ただのブラック企業ではなく、罪深きブラック企業を目指している。

ただし、ブラック企業と言っても、ただ長時間労働をさせているということではない。肉体や時間を酷使する昭和的なハードワーキングではなく、頭脳を酷使する「知的ハードワーキング」を重視しているのである。

知的ハードワーキングの結果、長時間労働になっている社員もいる。しかし彼らは楽しんでやっている。それに、成果を出してたくさん稼ぎたい。たくさん稼ぎたい人間がたくさん働こうとするのは当たり前のこと。低所得で構わないという人を相手にする余裕は私たちにはない。

旅と読書を通じて情報収集力を高め、好き勝手に動いて組織力で勝負するのがガードナー流だ。そんな働き方をするガードナーこそが真のブラック企業であり、私たちはそう呼ばれることを望んでいる。そしてこのチームは、既存の価値観に縛られない革命をたくらんでいるのである。営業車のアメ車はブラックだし、業績も黒字（ブラック）である。

私たちの理念は一見するとむちゃくちゃに思えるかもしれないが、常識にとらわれない発想こそが、新たなイノベーションを生み出すのだと信じている。

ガードナーは、これからも罪深き「Sin Black Company」として、ビジネスの世界に革命を起こし続けるだろう。私たちの情熱と狂気は間違いなく化ける。

おわりに

最後までお読みいただき、心からの感謝を述べたい。

私は、22歳で社会に出てから55歳頃まで、自分の仕事に納得できなかった。それでも決して諦めずに、コツコツとやってきた。「自分の仕事はモノづくりだ」という信念を持ち続けた。その結果、いくつかの会社を成長させられた。そして、自分自身で納得するような仕事もできるようになった。

それを「あなたは頑張ったから」と褒めてくれる人もいるかもしれない。しかし、私自身には頑張っていたという意識はない。好きなことをやってきただけ。

振り返れば私自身の人生も挫折の連続だった。もともとおとなしい性格で、高校生までは女性とまったくしゃべったことがなかった。というのも子どもの頃からひどい蓄膿《ちくのう》症で、いつも鼻水がダラダラと出ていたから。私の思春期はずっと下を向きっぱなしの人生だった。

中学生のときに金銭のゆすりにあったことをきっかけに「強くなりたい」と思い、高校からは実践空手にのめり込んだ。練習はものすごくキツかったが、その時間だけは緊張感からか鼻水が止まったのがありがたかった。

大学に進学してからも、空手だけに熱中していた。空手の全日本選手権などに出場し、最高で2位になったこともある。同じ道場に指導員としてアメリカに行った人がいて、「僕も絶対あの人みたいになりたい」と思っていた。空手漬けの毎日だったから、就職活動はしなかった。

大学卒業のとき空手協会から「海外で指導員をしないか」とオファーがあり、渡米できることになった。もともと「ハワイに行ってみたい」「海外で働いてみたい」という夢があったので、それが叶うことになったわけだ。英語はまったくできなかったので、ものすごい冒険だったが、できない理由を探すより一歩踏み出すことを選んだ。

ハワイに行く前に「ハワイで空手を教えるんだ」と友達に言ったら、「オマエ大丈夫か？そんなことで将来メシが食えるの？」「もう少ししっかりした人生設計を持てよ」「人生は遊びじゃないんだよ」とさんざんに言われたが、私は、将来の落ち着く先のことなどまったく考えずハワイに渡った。

ハワイ大学では非常勤講師で空手指導員として3年間勤め、3年目には大学の仕事と並行して、アメリカで買い付けた車を日本に輸出する副業を始めた。これが私の初めてのビジネスであり、最初の大失敗だった。あるとき、ハワイから日本へ送ったシボレー・カマロ（高級アメリカ車）が、日本の港で乗り逃げされてしまったのだ！　それにより私は、ハワイで本当の一文無しになった。

そこからは必死で、まずは生きていくために、食べなければならない。とはいえお金がない。あまりにおなかが空いて、スーパーの試食コーナーでむさぼり食いしていたら店員に蹴られたこともあった。

そのときに主な食料になったのは、家の前の運河で釣る魚。今日は塩味、今日は醤油《しょうゆ》味と味を変え、魚料理だけの毎日。時には野菜も必要だと思い、スズメがついばんでいる葉っぱを見つけたら「これは食べられそうだ」と判断し、むしって食べていた。そんな生活が数カ月続いた。

お金も食べ物もない。頼れる人もいない。まさに人生のどん底だった。でも、人間って不思議なもので、そこまで落ちると吹っ切れるもの。自分を客観的に見られるようになり、冷静にこの状況をどうにかしようと考えるようになった。

このときに限らず、その後もさまざまな失敗を繰り返すことになる。56歳でガードナーを設立して、商品開発のために抱えた1億8500万円の借金で首が回らなくなったこともある。そういったさまざまな経験を通して、私は本当に強くなった。そして、どんな困難にぶつかっても、前を向いて歩み続けることが大切だと学んだ。

こうした私自身の経験から言えるのは、諦めない強い思いと失敗を恐れない勇気が何より大切だということ。「無理」だと思い込んでいる殻を破るには、まず一歩を踏み出す勇気が必要だ。失敗したって構わない。小さな一歩でもいい。その一歩一歩が、新しい扉を開く。

常識にとらわれず、自分が本気で作りたいと思えるものに挑戦する。それが情熱を持ち続けるコツだと私は考えている。何より、自分の気持ち・心に誠実に、正直に生きること。そんなマインドがあれば、道は必ず拓けるはず。

何かに夢中になって進んでいるとき、周りの人には理解されなくても、自分自身は輝いているこことを実感できる。そしてその輝きは、周囲の人を惹きつける。異性からはもちろん同性からもモテる。「あの人は何か面白そうなことをやっている」と、人が自然と集まってくる。

夢に向かって進む道のりは、決して平坦ではない。ゆっくりとした歩みかもしれないが、諦めずに前進し続けることが大切だ。

私の心は、すでに成功している。なぜなら、何かに夢中になって取り組んでいるとき、その瞬間瞬間がすでに成功体験だから。当時は気づかなくても、あとから振り返ってみると、「あのとき、自分はすでに成功していたんだ」と思える。だから私と同じように、何かに熱く夢中になっているなら、すでに成功しているといえる。

成功とは、億万長者になることだけではない。高級な服を着て、海外旅行に行き、おいしいものを食べ、高級車に乗る。そんな生活も、すぐに飽きてしまう。ご飯だって1日に3食しか食べられない。お金がたくさんあっても、できることは限られている。

それよりも、自分の心の赴くままに何かを追い求めることのほうが、はるかに幸せである。それを「夢」と呼ぶ人もいるだろう。しかし「夢」と名付けなくても構わない。自分がワクワクしたり、ドキドキしたりするものであれば、何でも良い。

私は、「一歩でも前に進めばOK」と考えている。大切なのは、決して諦めず、歩みを止めないこと。そして、何かに向かって進んでいる今を純粋に楽しむこと。今後もそんなふうに歩んでいきたいと思っている。

福山 克義（ふくやま かつよし）

ＧＭホールディングス株式会社代表取締役
ガードナー株式会社代表取締役

【Profile】
1959年　博多生まれ。暗く病弱な思春期
1975年　空手に没頭し学業最下位（空手三段・歴45年）
1982年　ハワイ大学へ空手指導員として勤務
1985年　ハワイでビジネスに失敗し夢破れ帰国
1988年　パワーリフティングに没頭し今も現役
1998年　釣り具メーカー株式会社ギアラボを設立
2006年　Gear-lab USA, inc 設立 (Los Angeles)
2016年　ガードナー株式会社設立
2021年　Guardner Hawaii co.,ltd. 設立
2022年　天皇陛下より紺綬褒章を賜る
2022年　GM ホールディングス株式会社設立
2023年　TCS ジャパン福岡株式会社を M&A
2024年　Hanger74株式会社設立

特許出願82件（健康器具・食品器具・釣り具・車用品・防犯）

【Favorite】
★ハーレーダビッドソンでアメリカ大陸横断、EU 諸国を走る
★世界中でマグロ釣り　クロマグロ記録385kg
★パワーリフティング　ベンチプレス記録210kg
★杖術の修練
★中村天風会員
★ I LOVE 芋焼酎、アイラスコッチ、ナパヴァレー赤ワイン
　つまり、単なる飲んべえ。

本書についての
ご意見・ご感想はコチラ

真剣にふざける

痛快に起業する「革命思考」

2024年9月20日　第1刷発行

著　者　　福山克義
発行人　　久保田貴幸

発行元　　株式会社 幻冬舎メディアコンサルティング
〒151-0051　東京都渋谷区千駄ヶ谷4-9-7
電話　03-5411-6440（編集）

発売元　　株式会社 幻冬舎
〒151-0051　東京都渋谷区千駄ヶ谷4-9-7
電話　03-5411-6222（営業）

印刷・製本　中央精版印刷株式会社
装　丁　　秋庭祐貴

検印廃止

Printed in Japan
ISBN 978-4-344-94847-1 C0034
幻冬舎メディアコンサルティングＨＰ
https://www.gentosha-mc.com/